Angélica Karim Garcia Simão

XERETANDO
A LINGUAGEM EM
ESPANHOL

Projeto e Coordenação Editorial
Claudia Zavaglia

© 2010 Angélica Karim Garcia Simão

Projeto e Coordenação Editorial: Claudia Zavaglia
Preparação de texto: Adriana Moretto / Verba Editorial
Capa, Projeto gráfico e Diagramação: Patricia Tagnin / Milxtor Design Editorial
Assistente de Produção: Noelza Patricia Martins

Dados Internacionais de Catalogação na Publicação (CIP)
(Câmara Brasileira do Livro, SP, Brasil)

Simão, Angélica Karim Garcia
    Xeretando a linguagem em espanhol / Angélica Karim Garcia
Simão projeto e coordenação editorial Claudia Zavaglia. -- Barueri, SP :
DISAL, 2010. -- (Xeretando a linguagem)

ISBN 978-85-7844-063-3

1. Espanhol - Estudo e ensino I. Zavaglia, Claudia. II. Título.
III. Série.

10-10268   CDD-460.7

Índices para catálogo sistemático:
1. Espanhol : Estudo e ensino   440.7

Todos os direitos reservados em nome de:
Bantim, Canato e Guazzelli Editora Ltda.
Alameda Mamoré 911 – cj. 107
Alphaville – BARUERI – SP
CEP: 06454-040
Tel. / Fax: (11) 4195-2811

Visite nosso site: www.disaleditora.com.br

Televendas: (11) 3226-3111
Fax gratuito: 0800 7707 105/106
E-mail para pedidos: comercialdisal@disal.com.br

Nenhuma parte desta publicação pode ser reproduzida, arquivada ou transmitida de nenhuma forma ou meio sem permissão expressa e por escrito da Editora.

Sumário

Introdução — **5**

CAPÍTULO 1
VOCÊ ESTÁ FALANDO GREGO? — **9**
Expressões idiomáticas

CAPÍTULO 2
QUEM TEM BOCA VAI A ROMA — **37**
Provérbios

CAPÍTULO 3
AMIGO DA ONÇA — **63**
Os falsos cognatos

CAPÍTULO 4
ESTÁ TUDO AZUL — **83**
O colorido da linguagem

CAPÍTULO 5
TÁ LIGADO? — **117**
A gíria dos jovens

CAPÍTULO 6
DANOU-SE! — **133**
Palavrinhas ou palavrões?

Bibliografia — **157**

Introdução

A coleção *Xeretando a linguagem em italiano, inglês, francês, espanhol e latim* é dirigida para aqueles que gostam de ler argumentos importantes e interessantes com leveza, sutileza e sem compromisso; que não se intimidam em confessar que gostam de "xeretar" e se divertir, até mesmo com palavras, e, consequentemente, com línguas.

Quem não tem curiosidade em saber como se diz "isso ou aquilo" em uma língua estrangeira? E ainda: quem não gostaria de saber como são usadas e o que significam certas palavras ou certas expressões estrangeiras que raramente são encontradas em dicionários de língua, bilíngues ou monolíngues?

Foi pensando nessas pessoas que veio à tona a ideia desta coleção, que procurou tratar de temas atraentes e convidativos para chamar a atenção do leitor para certas peculiaridades dessas línguas estrangeiras e do português do Brasil. Desse modo, os livros estão divididos em 06 capítulos que correspondem cada um deles a um fenômeno linguístico trabalhado, com cerca de 50 a 80 entradas, além de uma breve introdução concernente ao assunto tratado, ao início de cada um deles.

No primeiro Capítulo, você irá se deparar com várias expressões idiomáticas frequentemente utilizadas no português e nas outras línguas, com explicações sobre o seu significado e o seu uso. Ouvimos e nos utilizamos tanto dessas expressões que muitas vezes não nos damos conta da sua importância nas línguas estrangeiras (e às vezes nem as entendemos em português!). De fato, pode ser bastante complicado estar na França e achar que **Aboyer à la lune** é quando os cães "uivam para a lua" ou então que **Avaler sa fourchette** significa "engolir seu garfo"... Do mesmo modo poderá ocorrer na Itália, quando você convidar seu **amico** para ir "pra balada" e ele lhe disser **Sono**

5

alla frutta e você entender que ele "está na fruta" ou coisa parecida! Será uma super mancada! Imagine então se ele disser **Gatta ci cova** no meio de uma narração misteriosa e você achar que ele quis dizer que a "gata está na cova". Vai ser engraçado o desfecho! Com as outras línguas envolvidas na coleção ocorre a mesma coisa!

O segundo Capítulo traz vários provérbios ou ditos populares ou sentenças, como são chamados, empregados no nosso dia a dia e também nas línguas estrangeiras. Saber entender (e reconhecer!) uma expressão proverbial em um idioma estrangeiro pode ajudá-lo a se relacionar com os estrangeiros, a interagir com os costumes daquele país e conhecer um pouquinho dessa cultura milenar. Assim, entender que **L'air ne fait pas la chanson** significa *O hábito não faz o monge* pode ser crucial em uma conversa sobre aparências, bem como compreender o significado de **Chi non risica, non rosica** ou de **Donde hay capitán no manda marinero** e de **Do as I say, not as I do** se você estiver pensando em se aventurar pelo mundo em busca de seus desejos!

Já no terceiro Capítulo, você vai encontrar dicas de como "não confundir alhos com bugalhos", porém, no que diz respeito às palavras! São os famosos falsos cognatos ou falsos amigos, ou seja, aquelas palavrinhas que se parecem com outras, mas que na verdade não têm nada em comum umas com as outras. E fazem muitas pessoas caírem em verdadeiras armadilhas devido à confusão que causam. É o caso de **Actually** e **Costume**, em inglês; de **Burro** e **Furare**, em italiano; de **Bâton** e **Bobonne**, em francês, por exemplo.

No quarto Capítulo você vai colorir sua linguagem ainda mais e tomar conhecimento de como o português e as outras línguas estrangeiras se utilizam de nomes de cores, tais como *preto*, *branco*, *vermelho*, *verde*, *amarelo*, *azul*, *marrom*, *rosa*, *cinza*, entre outros, em suas expressões linguísticas. Além disso, para cada uma dessa cores, são fornecidos significados e seus empregos mais frequentes para cada par de língua da coleção. Muitas das expressões são bem comuns em português e a intenção foi demonstrar que elas podem ser igualmente utilizadas em cada uma das línguas estrangeiras tratadas. Outras, ao contrário, demonstram que cada língua pode "colorir" as suas expressões usando nomes de cores diferentes, demonstrando que cada país pode "enxergar" de maneira diferente determinado acontecimento histórico, social ou cultural.

Com o quinto Capítulo, você vai poder "mergulhar" em "tribos" diferentes e conhecer uma linguagem peculiar que pertence às pessoas mais jovens, que possuem seus grupos de amigos e histórias em comum, e, por isso mesmo, "criam" meios de se entenderem e compreenderem entre si. Assim, produzem um tipo de linguagem riquíssimo no quesito criatividade e obscurantismo, a partir do momento que certas palavras podem ser indecifráveis e jocosas para pessoas que não fazem parte daquele grupo que as emprega. Além disso, você vai saber como se diz "jeans", "eletricista", "pizza", "pipoca" e muito mais em... latim! É isso mesmo! O latim ainda é uma língua falada!

Por outro lado, ao ler o Capítulo 6, quando algum nativo quiser fazer "piadinhas" com você, ensinando-lhe palavrinhas que na verdade são palavrões na língua estrangeira, só para que ele "tire uma da sua cara", tenha a certeza que você não cairá nesse "trote" ou brincadeira! É isso mesmo. Ali você encontrará muitas das expressões empregadas pelos nativos que inexistem nos livros em que se estudam línguas estrangeiras; logo, não temos como aprendê-las em nossas aulas. Se o seu professor não for um cara "descolado" e sem papas na língua, você vai demorar para aprender o que significa **Minchia** em italiano, **To bang** em inglês, **Suceur de quenelle** em francês, **Las domingas** em espanhol, **Sopio**, em latim. Sem pudores, esse capítulo traz um elenco de palavras empregadas para se referirem às nádegas, à vagina, ao pênis, aos testículos, ao ânus entre outros. Além disso, procura tratar certas expressões obscenas que são bastante empregadas na linguagem comum daquele país em questão, nos mais variados contextos.

Então, mãos à obra! Vá xeretar as páginas deste livro e aprenda se divertindo!

Claudia Zavaglia
Coordenadora editorial

Claudia Zavaglia é Livre-Docente em Lexicografia e Lexicologia e doutora em Linguística e Língua Portuguesa pela Universidade Estadual Paulista Júlio de Mesquita Filho – UNESP. Atualmente é professor adjunto da Universidade Estadual Paulista Júlio de Mesquita Filho - UNESP - Campus de São José do Rio Preto - SP - IBILCE. É autora dos livros *Canzoni Italiane degli anni '90* (2001); *Parece mas não é: as armadilhas da tradução do italiano para o português* (2008); *Dicionário Temático Ilustrado Português – Italiano (Nível Avançado)* (2008); *Passarinho, Passarinha, Passarão: dicionário de eufemismos das zonas erógenas – português-italiano* (2009) e *Um significado só é pouco: dicionário de formas homônimas do português contemporâneo do Brasil* (2010).

Angélica Karim Garcia Simão é doutora em Língua Espanhola pela Universidade de São Paulo (USP) e mestre em Estudos Linguísticos pela Universidade Estadual Paulista (UNESP). É especialista em língua espanhola pela Agência Espanhola de Cooperação Internacional-Madri (Bolsa do Ministério de Assuntos Exteriores – Espanha) e, atualmente, professora assistente da Universidade Estadual Paulista Júlio de Mesquita Filho (UNESP/São José do Rio Preto) no curso de Tradução. Atua nas áreas de Linguística e Tradução de Língua Espanhola.

CAPÍTULO 1

VOCÊ ESTÁ FALANDO GREGO?

Expressões idiomáticas

As expressões idiomáticas estão tão presentes na língua, que uma pessoa quando as emprega, não se dá conta de que acabou de usá-las em sua fala. De fato, elas são utilizadas a todo instante: no linguajar diário, no noticiário da televisão, em anúncios e propagandas jornalísticas, como também no rádio e na tv, na literatura, em letras de música, em filmes, em discursos políticos, em campanhas eleitorais.

Geralmente os falantes usam as expressões idiomáticas para darem um sabor a mais ou especial àquilo que desejam expressar, tais como: sutilezas, ênfases, intensidades, humor e ironia que a linguagem convencional não é capaz de suprir. Dessa maneira, as expressões idiomáticas enriquecem uma frase por serem capazes de carregar os sentimentos que o falante quer denotar, não se restringindo a uma determinada camada social, tampouco a um aspecto específico de nossas vidas.

Elas estão presentes tanto na comunicação informal, seja ela falada ou escrita, como também em discursos formais. O emprego correto ou incorreto de uma expressão idiomática pode indicar o grau de domínio da língua que o falante possui.

Em se tratando de línguas estrangeiras, é muito importante a compreensão exata da expressão idiomática para que o seu uso seja empregado de forma adequada, ou seja, um aprendiz ou "curioso" em línguas estrangeiras deve preocupar-se com o significado conotativo da expressão e não com o seu sentido literal, ou seja, palavra por palavra.

Vejamos, a seguir, alguns exemplos de expressões idiomáticas em espanhol, curiosos do ponto de vista cultural e/ou outros prismas, com a sua correspondente em português, ora coincidente, ora apresentando outro recorte linguístico para expressar determinada visão de mundo.

Expressões com nomes de alimentos

Ser más soso que la calabaza
Ser sem sal, nem açúcar

Expressão utilizada, principalmente, para caracterizar pessoas que são sem graça, ou seja, que não têm conteúdo, que não têm opinião para nada, que são vazias. Literalmente, a expressão espanhola significa, em português, "ser mais sem graça que a abóbora". Veja que em espanhol, a expressão se utiliza das palavras **soso** (*insosso, insípido, sem graça*) e **calabaza** (*abóbora*). Note que os termos usados na expressão equivalente em português são: *sal* e *açúcar* que são, justamente, os condimentos mais utilizados na culinária brasileira, para salgar e adoçar, respectivamente. No Brasil, usa-se também na forma *Ser sem sal e sem açúcar.*

Ser el perejil de todas las salsas
Ser arroz de festa

Emprega-se esta expressão para evidenciar ou descrever aquela pessoa que está presente em todas as situações, festas ou reuniões, com a qual você sempre encontra, mesmo nos lugares menos esperados. Em espanhol, significa, literalmente "ser a salsinha de todos os molhos". Apesar das diferenças de palavras empregadas nas duas línguas, note que tanto o **perejil** (*salsinha*), quanto o *arroz* (um tipo de cereal) se encontram em qualquer lugar, são de fácil acesso e até mesmo têm um bom preço, daí a analogia.

Poner a una persona como hoja de perejil
Comer o toco de alguém

Esta expressão é usada para indicar que uma pessoa está sendo criticada ou desacreditada duramente. Veja que novamente o **perejil** (*salsinha*) é utilizado e a cor verde deste condimento é retomada na expressão **poner a uno verde,** expressão com sentido equivalente.

Contigo pan y cebolla
Viver de brisa/de amor

Expressão usada para se referir às pessoas que vão se casar sem ter como se sustentar. **Pan** (*pão*) e **cebolla** (*cebola*) são usados com o sentido de alimentos básicos, mas não suficientes para a sobrevivência. Geralmente empregada em tom de crítica, essa expressão transmite a ideia de que as pessoas apaixonadas se iludem com os seus próprios sentimentos como se eles bastassem e compensassem as reais necessidades do ser humano.

Estar en el ajo
Estar por dentro do assunto
Usa-se para designar a ação de estar entre as pessoas que participam de um assunto. Também pode-se dizer em espanhol **estar enterado**, que quer dizer *estar sabendo de algo*. Veja que na primeira expressão usa-se o termo **ajo** (*alho*) figurativamente.

A huevo
Está na mão
Na Espanha, essa expressão é utilizada para indicar que algo é acessível, que se apresenta como uma possibilidade certa. No México, é utilizada para indicar que a ação é cometida forçosamente e não voluntariamente, isto é, *à força*. Literalmente, **huevo** é *ovo*.

Ser el huevo de Colón
Ser o ovo de Colombo
Utilizada para designar um fato que, a princípio, parece ser de difícil execução, mas que resulta fácil quando realizado ou depois que alguém demonstra como se faz. Conta a fábula que, em uma ocasião, Cristóvão Colombo estava em um banquete e foi questionado por um dos presentes sobre o mérito de ter descoberto a América. Em vez de responder ao homem, preferiu desafiar a todos a tentarem colocar um ovo em pé, sobre uma de suas extremidades. Depois que todos tentaram sem êxito, Colombo demonstrou que batendo em um dos lados e achatando levemente o ovo, ele permanecia em pé. Dessa forma demonstrou que recursos simples são empregados às vezes para resolver questões complexas e o mérito, nestes casos, é de quem descobriu a solução primeiro.

Importarle un huevo (algo a alguien)
Não dar a mínima importância

    Usada para indicar indiferença ou desprendimento de uma pessoa diante de algo. Também pode-se empregar **no importarle un pimiento algo** ou **no importarle un pepino**. Note que os alimentos **huevo** (*ovo*), **pimiento** (*pimentão*) e **pepino** (*pepino*) são usados como sinônimos de coisas de pouca importância, dado o baixo custo desses alimentos.

No es por el huevo, es por el fuero
Porque é de direito

    Frase que indica uma reclamação por certa coisa por se ter direito a ela, e não por se necessitar dela ou por seu valor material. Há diferentes versões que explicam a origem dessa expressão. Uma delas diz que o *ovo* (**huevo**), na antiguidade, era o tributo pago pelos pobres para que um fidalgo defendesse seu *território* (**fuero**).

Parecerse una cosa a otra como un huevo a otro huevo
Serem completamente iguais

    Usa-se para dizer que duas coisas são idênticas, tal qual um ovo se parece com outro ovo. Quando se quer dizer o contrário, que são completamente diferentes, usa-se **parecerse una cosa a otra como un huevo a una castaña**. Note que aqui a falta de semelhança é expressa ao retomar dois elementos completamente diferentes: um *ovo* e uma *castanha*.

Estar/poner a pan y agua
Ficar a pão e água

    Usada para se referir à extrema privação de alimentos em uma dieta. Fazer uma dieta na qual só se come *pão* (**pan**)e *água* (**agua**) é impraticável.

Dame pan y llámame tonto
Deixar-se ser feito de bobo por interesse

Frase que expressa o comportamento de uma pessoa que não se importa com o fato de ser humilhado ou ofendido, se com isso obtém algum tipo de benefício material. Aqui o *pão* (**pan**) é colocado como elemento de troca, na qual alguém pode se sentir satisfeito por obter um bem material, mesmo que o preço desse benefício seja ser feito de bobo.

Hacer un pan como unas hostias
Fazer nas coxas

Nesta expressão os elementos envolvidos são o *pão* (**pan**) e a *hóstia* (**hostias**). Como sabemos, a hóstia é um pão ázimo, feito sem fermento, que é um dos ingredientes principais do pão. Fazer "pão como se faz uma hóstia" significa fazer algo mal feito, sem cuidado ou preocupação, uma vez que um pão feito sem fermento não seria saboroso.

Negar el pan y la sal
Não dar a mínima

Novamente o pão e o sal são retomados nesta expressão como elementos básicos, o mínimo que deve existir para garantir o sustento do ser humano. A analogia está em não dar nem o mínimo de reconhecimento, importância ou consideração em uma situação, daí o sentido de desprezar ou não reconhecer o mérito de alguém.

Ser el pan de Dios
Ser um anjo

Na Argentina, Chile, Peru, México e Uruguai a expressão é usada para dizer que uma pessoa é muito boa e generosa. Na tradição católica "o pão de Deus" (**pan de Dios**) é representado simbolicamente pela hóstia, como o corpo de Jesus Cristo. A comparação é feita dessa forma entre a bondade de Jesus Cristo e a bondade de uma pessoa.

Pan y circo
Pão e circo

Tradução literal da expressão latina *panem et circenses* usada para criticar a atitude de governantes que atendem às necessidades alimentares básicas da população e promovem espetáculos públicos para distraí-la, evitando assim receber críticas referentes a sua atuação em outros setores. Por extensão, essa expressão pode ser usada em outros contextos nos quais acontecimentos que envolvem a distração são utilizados para chamar a atenção das pessoas e fazer com que não se preocupem com questões mais sérias.

Por un pedazo de pan
A troco de reza

Usa-se em situações em que se considera haver uma má ou baixa retribuição do serviço prestado. Um *pedaço de pão* (**pedazo de pan**) é tomado nesta expressão como uma quantidade muito básica ou muito pequena para ser usada como pagamento de algum tipo de trabalho. Também há no português a expressão semelhante *a preço de banana*, para indicar que algum produto está sendo vendido a preço muito baixo.

Ser algo pan comido
Ser sopa/(uma) canja

Utilizada para expressar alguma ação que é muito fácil de se fazer. Utiliza-se essa expressão por analogia à simplicidade e facilidade que é comer um pedaço de pão, na língua espanhola, e tomar uma sopa em português.

Irse a freír espárragos
Ir lamber sabão/Plantar batata

Usado geralmente no modo imperativo (¡**Vete a freír espárragos!**) e desrespeitosamente, para mandar alguém embora quando está sendo inoportuno ou para expressar desaprovação ao seu comportamento ou ideia. Literalmente, a expressão poderia ser traduzida por "vá fritar aspargos". O aspargo é um alimento muito comum à culinária espanhola, tal qual a batata é para a culinária brasileira. Nesta expressão, a ideia, desatrelada do seu sentido literal, é mandar alguém fazer alguma coisa banal ou corriqueira, em vez de continuar importunando alguém.

Entre col y col, lechuga
Para variar um pouco

Frase por meio da qual se expressa ou comenta que, para evitar a monotonia, é bom intercalar coisas diferentes. Na língua espanhola são usados os termos **col** (*couve*) e **lechuga** (*alface*), que são duas verduras muito diferentes entre si, tanto na cor, como também no sabor e na textura. Em português, a expressão p*ara variar um pouco* é, em muitos casos, irônica, usada em contextos em que na verdade não está sendo feita a variação necessária, mas também pode ser empregada a título de recomendação, como ocorre com a expressão espanhola.

Ni chicha ni limonada (ou limoná)
Nem uma coisa, nem outra

É usada com sentido de reprovação para falar de coisas que não estão bem definidas ou pessoas que não têm uma posição muito clara. Os elementos utilizados são a **chicha** (bebida alcoólica feita de milho ou de outras plantas e frutas) e **limonada** (bebida não alcoólica feita com suco de limão, água e açúcar, ou seja, *limonada*), que se diferem entre si tanto no sabor, quanto pelo fato de uma possuir teor alcoólico e a outra não. Dessa forma, expressa que entre uma gama de coisas que compreendem elementos opostos, a pessoa ou a coisa em questão não se enquadra em nenhuma das duas. Também existe a expressão **ni carne ni pescado**, na qual os elementos **carne** (*carne*) e **pescado** (*peixe*) são utilizados com a mesma conotação em espanhol. Em português, temos também a expressão *não fede nem cheira* que transmite da mesma forma a ideia de indiferença.

De chicha y nabo ou de chichinabo
Insignificante

A **chicha** nessa expressão refere-se a algo distinto. Atualmente, esse termo, além de designar a bebida citada anteriormente, pertence ao linguajar infantil e é usado para designar qualquer tipo de carne. Antigamente, **chicha** (proveniente do italiano *ciccia*) era uma palavra estendida para designar qualquer tipo de carne de qualidade inferior. Já o *nabo* (**nabo**) é uma hortaliça com pouco valor nutritivo e de custo muito baixo, daí ser um alimento comum às camadas mais baixas da sociedade. Quando se emprega essa expressão, a ideia é que uma pessoa ou coisa é de pouco valor, de qualidade inferior, insignificante.

Ser la manzana de la discordia
Ser a maçã da discórdia

Diferentes crenças retomam a maçã como um elemento desagregador. Uma das possíveis origens dessa expressão remonta à mitologia. Conta a lenda que Eris, a ninfa da discórdia, declarou que uma maçã de ouro deveria ser dada à mais bela deusa do monte Olimpo. Hera, Afrodite e Atena começaram uma grande disputa pelo fruto e, sem encontrar uma solução para o embate, Zeus resolveu recorrer a Páris, um mortal, que solucionou a questão dando o fruto à Afrodite, a deusa do amor. Como retribuição

17

da deusa, Páris foi contemplado com o amor da mulher mais bonita do mundo, Helena. Porém, a jovem já estava casada com Menelau. O entrevero entre Páris e Menelau culminou na Guerra de Troia. Desde então, a maçã da discórdia passaria ser a metáfora para designar pessoas ou coisas que se tornam motivo de intrigas e discussões.

Son lentejas; o las comes, o las dejas
É pegar ou largar

A ideia é que uma coisa não vai mudar de situação e as únicas opções, neste caso, são aceitar ou recusar. A imagem usada é a de *lentilhas* (**lentejas**) associada aos verbos *comer* (**comer**) e *deixar* (**dejar**). O poeta curitibano Paulo Leminsky criou um hai-kai que expressa a mesma ideia, além de retomar uma passagem memorável na história do Brasil, daí a ironia do poema: "Ameixas, ame-as ou deixe-as".

No ser alguien/algo trigo limpio
Não ser boa gente/boa coisa

Utilizada para comentar a falta de padrão ético ou moral de alguém. Em espanhol, pode referir-se a um comportamento ou a um determinado assunto que aparenta ser o que não é, alguém mau que finge ser bom, ou falso que finge ser verdadeiro. A expressão é proveniente da área agrícola. O valor do trigo depende do grau de limpeza deste, que está cheio de cascas ou outras substâncias misturadas, e não pode ser usado diretamente, sem antes passar por um processo de limpeza. No âmbito comercial, tentar vender trigo *sujo* (**sucio**) por *limpo* (**limpio**) é visto como um ato enganoso, daí a relação de comparação com pessoas que não são muito confiáveis ou honestas estabelecida na expressão.

Ser mala uva/mala leche
Ser uma pessoa azeda

Essas expressões usam dois elementos da culinária para expressar a ideia de sabor ácido ou azedo. O primeiro deles, a *uva*, em **ser un/a mala uva,** é um fruto fundamental dentro da cultura espanhola em função da importância da produção de vinhos nesse país. Tanto a uva como o leite, em **mala leche**, não podem apresentar o sabor ácido ou azedo para serem considerados bons. Assim, ambas expressões retomam a ideia de que uma pessoa com o temperamento ruim, azedo, mal humorado para a convivência é como uma uva ou leite que estão estragados ou ruins para o consumo. Do mesmo modo a expressão **tener cara de vinagre** ("ter cara de vinagre") retoma essa ideia.

Ser habas contadas
Ser favas contadas

No espanhol, significa algo inevitável, seguro, claro, que fatalmente ocorrerá ou expressa coisas escassas, com um número exato. Uma das explicações para a origem dessa expressão é que antigamente se utilizavam favas (**habas**) para realizar operações aritméticas, daí a referência à exatidão. Já na língua portuguesa, o dicionário Houaiss registra somente a primeira acepção, o sentido de algo inevitável.

La media naranja
A cara-metade/a alma gêmea/o par perfeito

Essa expressão é usada para indicar pessoas que se complementam; parceiros amorosos que têm afinidades entre si. A *metade da laranja* (**media naranja**) é usada aqui para expressar uma das metades que completa a outra e que juntas formam um todo perfeito.

Ser un pan sin sal
Ser sem tempero

Usada para qualificar uma pessoa considerada chata, boba, sem graça, também na forma de se relacionar com seu parceiro, pois o sal é um dos ingredientes fundamentais para se fazer e dar sabor ao pão. Pode-se dizer com o mesmo sentido **no tener salero**. Neste caso, o **salero,** local utilizado para guardar o sal, é usado figurativamente como equivalente de "graça". Já o contrário, *ter graça e malícia*, pode ser expresso com **tener sal y pimienta** (*ter sal e pimenta*).

Dejar a alguien con la miel en los labios
Deixar alguém com água na boca

Deixar a pessoa com vontade de saborear ou fazer alguma coisa. Veja que o *mel* (**miel**) da expressão espanhola fica nos *lábios* (**labios**), não chegando a tocar a boca, isto é, a ser ingerido de fato. Por isso a expressão passa a ideia de algo que se tem vontade de realizar, mas não é concretizado efetivamente. O sentido da expressão não é tão doce quanto os ingredientes utilizados, não é mesmo?

Estar hecho un rollo de manteca
Estar fofo

É uma expressão que se usa para elogiar a forma física de uma criança bem alimentada, quando está gordinha. Note que o **rollo** da expressão é o *cilindro* utlizado por confeiteiros ou padeiros para abrir as massas, e a **manteca** refere-se à *gordura*.

Estar como agua para chocolate
Estar com os nervos à flor da pele

Essa expressão, utilizada no México, literalmente faz referência ao ponto de ebulição em que deve se encontrar a água para fazer chocolate. Figurativamente, significa que a pessoa está com o sangue "fervendo", muito nervosa ou irritada, como o ponto adequado em que a água se encontra para fazer o chocolate.

Ser de buena pasta
Ser gente boa

Ser uma pessoa de temperamento tranquilo e generoso, ter caráter e bons princípios. A relação nessa expressão ocorre entre a **pasta** (*massa*) que é o resultado de várias coisas misturadas entre si em uma combinação que dá um resultado positivo, como bolo, pães, tortas etc. No caso das pessoas **de buena pasta,** são pessoas que agregam várias qualidades positivas.

Ser la flor y nata
Ser a nata

A elite, o grupo mais seleto, a camada de maior poder ou de maior prestígio num grupo social ou num grupo de pessoas que exercem a mesma atividade. A *flor* (**flor**) expressa, figurativamente, a melhor parte de uma coisa, como na expressão **la flor de juventud**, isto é, o melhor momento da juventude. Também a **nata** expressa o que é a melhor parte, além do mais puro, o que fica por cima do leite. Essas associações de pureza e superioridade estabelecem a relação dessa expressão.

21

Expressões com nomes de animais

Sentirse/estar alguien como pez en el agua
Como peixe na água

Diz-se do estado de uma pessoa que se sente completamente à vontade em seu ambiente, como se estivesse em seu ambiente natural, como fica o *peixe* (**pez**) na água. Outra expressão semelhante é **andar como Pedro por su casa**. Neste caso é a imagem de uma pessoa, **Pedro**, que se move em um lugar como se estivesse em sua própria casa, ou seja, com muita desenvoltura. Essa segunda expressão pode também ser usada em tom de crítica, em momentos nos quais a liberdade e desenvoltura demonstradas por alguém passam a ser exageradas e a soar como impertinência.

Buscarle tres pies al gato/la quinta pata al gato
Procurar sarna para se coçar

Essa expressão é utilizada quando as pessoas se dedicam a procurar justificativas, respostas ou soluções a partir de proposições ou reflexões com pouco fundamento, ou simplesmente quando complicam alguma coisa simples, que não deveria ser complicada. Sua tradução literal seria "procurar cinco pés no gato" ou "procurar a quinta pata do gato". A relação está nas imagens criadas por ambas. Todos sabem que o gato é um animal com quatro pés ou patas e um só rabo. Quem procura três ou cinco patas no animal está buscando alguma coisa que não existe, está complicando algo que obviamente é muito simples. Também no português temos *Procurar pelo em ovo,* que retoma o mesmo significado.

Llevarse como el perro y el gato
Viver/se dar como cão e gato

Nessa expressão a alusão é clara. Todos sabem que cão e gato são animais que não convivem muito bem, salvo raras exceções e um grande esforço por parte do dono dos animais. Por extensão, quando duas pessoas se relacionam muito mal ou estão sempre discutindo e brigando essa expressão é adequada.

Dar gato por liebre
Levar gato por lebre

Nessa expressão, toma-se dois animais muito diferentes *gato* (**gato**) e *lebre* (**liebre**) para falar de engano ou embuste, por isso ela é utilizada por alguém ao ser enganado, recebendo algo de qualidade inferior ao que se esperava ou ao passar por uma situação semelhante na qual se tenta enganar uma pessoa com coisas diferentes do que ela esperava. É uma expressão antiga e uma das explicações para sua origem apoia-se na ideia de que em alguns estabelecimentos comerciais espanhóis eram vendidos gatos no lugar de coelho ou lebre, prato muito apreciado nesse país. A ideia também existe no Brasil, daí a expressão "churrasquinho de gato".

Haber gato encerrado en una cosa
Ter coisa

Expressão usada quando se suspeita de haver alguma coisa que está sendo escondida ou dissimulada, ou que possui mais elementos que podem não estar sendo vistos. Sua origem remonta do Século de Ouro Espanhol (XVI), no qual se utilizavam bolsas feitas com pele de gato para guardar dinheiro. A bolsa e seu conteúdo passaram a se chamar "gato". Como algumas bolsas ocultavam riquezas, a expressão ficou com o sentido de "dentro dessa bolsa deve ter dinheiro escondido". Em português, usa-se *Aí tem coisa*, quando queremos levantar a suspeita sobre algum tipo de procedimento ou situação. Menos frequentemente, também encontramos a expressão *Tem gato na tuba*.

Haberle comido la lengua el gato a alguien
O gato comeu sua língua

Diz-se para uma pessoa que está muito quieta, geralmente com uma pergunta: **¿Te ha comido la lengua el gato?**/*O gato comeu sua língua?*

Hasta el gato
Todo mundo

Expressão usada para denotar uma grande quantidade de pessoas ou para incluir elementos sem exceção a um conjunto de coisas. Exemplo: **Hasta el gato estaba en la fiesta**/*Estava todo mundo na festa* ou **Eso lo sabemos todos, hasta el gato**/*Isso todo mundo sabe*.

Lavarse como los gatos
Tomar um banho de gato

Banho superficial usando pouca água ou toalha umedecida. Essa expressão faz referência ao modo como os gatos se limpam, lambendo-se em vez de procurar água, uma vez que esse animal é também conhecido por sua aversão à água. Também se diz em português *Tomar um banho tcheco*. O termo tcheco nessa expressão não tem nenhuma relação com a pessoa proveniente da República Tcheca, e sim com a onomatopeia que associa o som da palavra tcheco com o som do movimento da água dentro de um balde ou bacia.

Llevar el gato al agua
Ter sucesso/êxito em uma atividade

Atribuído a uma pessoa que consegue executar uma tarefa difícil de ser realizada. Novamente a ideia da aversão felina à água é retomada para expressar a dificuldade ou impossibilidade em um assunto. Também se diz em espanhol **poner el cascabel al gato,** para expressar ações cuja realização é difícil de ser executada. Essa segunda expressão tem origem em uma antiga fábula, na qual os ratos queriam colocar um **cascabel** (*sino*) no gato para perceberem sua chegada de longe e terem tempo para fugir. Que rato ousaria realizar tal façanha?

Ser el perro del hortelano (que ni come ni deja comer)
Não caga e não sai da moita.

Se usa como expressão comparativa para se referir a pessoas que não realizam completamente uma ação, que não aproveitam determinada coisa, mas não deixam que outros a aproveitem ou a realizem. Deriva de uma fábula atribuída a Esopo na qual **el hortelano** (*horteleiro* ou *hortaliceiro*) é um dono de horta, um produtor de vegetais e hortaliças. **El perro** (*cachorro*) que cuida da horta não pode comer os vegetais, mas deve cuidar do local para que ninguém mais os coma, daí a relação com o "cachorro do horteleiro" e a pessoa que não executa uma ação e tampouco deixa que outros o façam.

Estar sin padre ni madre ni perro que le ladre
Sem ter um gato para puxar pelo rabo

Usado para aludir a uma pessoa que se encontra sozinha, sem recursos financeiros e apoio de ninguém, sem *pai* (**padre**), nem *mãe* (**madre**), nem um cachorro para latir para ele (**perro que le ladre**). Em espanhol, no momento da morte também se usa a expressão **morir como un perro,** referindo-se, além da ausência de amigos e familiares, à falta de suporte religioso. Em português também existe a expressão *sem eira nem beira* para fazer alusão a pessoas que estão na miséria ou perdidas, se empregada metaforicamente.

Tratar a alguien como a un perro
Tratar como um cachorro

Tratar alguém mal, com desprezo ou falta de consideração. Usa-se com os verbos **tratar, matar, echar, tirar** e **rajar**. Alude à forma como algumas pessoas maltratam aos animais domésticos.

Coger/agarrar el toro por los cuernos
Meter as caras

Essa expressão é proveniente das *touradas* (**corridas de toros**) e retoma a ideia de enfrentar uma situação difícil com firmeza, encarar uma situação sem medo, mesmo que ela pareça ser difícil. A associação é feita entre a coragem que se tem para enfrentar as situações difíceis e a coragem de "agarrar um touro pelos chifres".

Echar sapos y culebras
Dizer cobras e lagartos

Dizer disparates, maldizer ou blasfemar. Alguns dizem que essa expressão teve origem na Idade Média, quando eram realizados exorcismos de pessoas que diziam estar possuídas pelo demônio. Nas representações pictóricas desses atos, *sapos e cobras* (**sapos y culebras**) saíam pela boca das pessoas, como uma representação de todas as coisas ruins que diziam. Observe que no português utilizamos "cobras e lagartos", animais distintos para representar a mesma ideia.

Hincharse/inflarse como un pavo
Ficar cheio de si

Essa expressão parte da comparação entre o comportamento do animal, *pavão* (**pavo**), e das pessoas ao se sentirem orgulhosas de algum feito ou de si mesmas. O pavão parece sentir orgulho de sua beleza e, tanto o seu modo de caminhar, quanto o modo de exibir sua plumagem, são contaminados por essa expressão de altivez inflada. Do mesmo modo, algumas pessoas se sentem tão cheias de si que parecem inflar-se como um pavão.

No ser una cosa moco de pavo
Não ser pouca coisa

Usada geralmente na forma negativa, essa expressão é empregada quando se quer exaltar o valor de uma coisa ou de um fato que se julga importante, ou seja, dizer, literalmente, que ela não é qualquer coisa sem utilidade como o **moco** (*crista*) que o *pavão* (**pavo**) tem sobre o nariz. Outros atribuem a origem dessa expressão a **Germanía** dos séculos XVI e XVII, período conhecido na Espanha por seus altos índices criminais. O termo **Germanía** (*do latim germanus,* irmão) refere-se tanto a um grupo social (órfãos, deserdados, mendigos, pícaros, ladrões, trapaceiros, prostitutas e cafetões), como o linguajar típico desse grupo. A literatura tratou de popularizar personagens que pertenciam a esse ambiente degenerado, como *Lazarillo de Tormes*, *Guzmán de Alfarache*, *Rinconete* e *Cortadillo*, dentre muitos outros, e também as expressões provenientes dele. Nesse contexto, chamava-se **moco** o pedaço da corrente do relógio de bolso, conhecido como **pavo**, que ficava no bolso da vítima após ser roubada. Assim, quando o sujeito ia olhar as horas e tentava tirar o relógio do bolso, deparava-se somente com aquela correntinha que já não tinha a menor utilidade. Não ser **moco de pavo** é não ser algo tão sem importância assim.

En menos que canta un gallo
Um pé lá, outro cá

Fazer algo rapidamente, em pouquíssimo tempo. A expressão é de origem bíblica. Retoma a passagem em que Jesus diz a Pedro que este apóstolo negará conhecê-lo antes que o galo cante pela manhã. Nessa madrugada, Pedro nega três vezes que conhece Jesus e, imediatamente, ouve o galo cantar. Também em espanhol **en dos idas y venidas**.

Cría cuervos (y te sacarán los ojos)
Quem planta vento colhe tempestades

Usada para fazer alusão a situações em que os benefícios feitos a quem não os merece ou não os valoriza são correspondidos com falta de agradecimento ou desinteresse. É desconhecida a verdadeira origem dessa expressão. Alguns atribuem sua existência a uma anedota em que um homem, durante uma caça, se depara com um mendigo que possuía cicatrizes no lugar dos olhos. O mendigo conta, ao ser interrogado, que havia cuidado de um corvo desde pequeno, protegido e dado de comer ao animal que, ao ficar grande, havia arrancado seus olhos para se alimentar em um momento de descuido do seu dono, daí a relação de ingratidão da expressão.

Esperar a la cigüeña
Esperar a cegonha

Significa esperar um filho. Também se usa **venir la cigüeña** quando o filho de uma pessoa nasce. A associação entre a *cegonha* (**cigüeña**) com a vinda de uma nova vida pode ser justificada pelo fato de que esses animais são extremamente cuidadosos com a sua prole, além de serem dóceis e protegerem umas às outras, sobretudo em casos de doença ou velhice. Essa característica protetora do animal também foi retomada e difundida nos contos do escritor dinamarquês Hans Christian Andersen.

Risa de conejo
Sorriso amarelo

Alguns animais, antes de morrer, produzem movimentos na boca semelhantes ao do riso, mas que não têm nenhuma relação com este. É o caso do *coelho* (**conejo**), por exemplo, que executa tais movimentos na boca ou em algumas partes do rosto, não resultantes de expressão de felicidade, mas sim de movimentos musculares involuntários. Por este motivo, a expressão **risa de conejo** ("sorriso de coelho") é sinônimo de sorriso dissimulado, fingido ou forçado, para disfarçar uma decepção e que, portanto, não corresponde a uma alegria espontânea.

Lágrimas de cocodrilo
Lágrimas de crocodilo

De modo análogo a expressão anterior, a expressão *lágrimas de cocodrilo* retoma a ideia de falsidade ou dissimulação diante de um fato ou evento. A expressão faz referência ao que acontece com os crocodilos quando ingerem uma presa. Esse animal, ao ingerir sua presa sem mastigar, acaba por comprimir involuntariamente suas glândulas lacrimais, o que faz com que derrube algumas lágrimas. Essas lágrimas não são resultantes de nenhum sentimento por parte do animal, mas sim reflexo de um ato involuntário, sem nenhuma conexão com a tristeza. Por este motivo, quando alguém dissimula tristeza ou pranto com falsidade, ou quando se suspeita de que esteja sendo falso na manifestação de sua pena ou arrependimento por algo, essa expressão é empregada.

A cada cerdo le llega su San Martín
A cada um há de chegar a sua hora

Frase que expressa a ideia de que cada pessoa terá o que merece no momento certo ou oportuno. Em espanhol a referência feita a San Martín deve-se ao fato de que a matança do *porco* (**cerdo**) costuma ocorrer durante os meses mais frios do inverno, coincidindo geralmente com a época das festividades de San Martin, celebradas em 11 de novembro.

Tener memoria de elefante
Ter memória de elefante

Muitas pessoas fazem uso equivocado dessa expressão por analogia ao tamanho do animal, como sinônimo de ter uma "grande memória". Na verdade, esse animal possui uma grande capacidade de reter informações transmitidas a ele oralmente ou mesmo em função de suas recordações da infância. Quando pequenos, estes animais, presos a pequenas estacas fincadas na terra, são incapazes de se desprender. Essa incapacidade fica guardada em sua memória e, embora cresça e atinja grande tamanho e força, ele continua se sentido incapaz de se soltar em função da recordação de tentativas frustradas do passado. Daí essa expressão ser utilizada como sinônimo de ter boa memória, facilidade para memorizar ou recordar coisas.

Meterse en la boca del lobo
Cutucar a onça com vara curta

Expressão utilizada quando alguém se expõe a um perigo de forma pouco prudente ou até mesmo provocando uma situação de perigo ou risco para si mesmo. Sua origem é atribuída a uma fábula na qual o lobo, engasgado com um osso na garganta, pede ajuda a uma cegonha. Ela, por sua vez, introduz o bico dentro da boca do lobo e retira o osso. Como recompensa de sua ajuda, ela lhe pede algum tipo de retribuição, ao que ele responde que a retribuição já foi dada pelo fato de ela ter colocado sua vida entre seus dentes e poder continuar vivendo para contar tal façanha.

Abrazo del oso
Abraço de urso

Ação que aparentemente parece ser de amizade ou acolhimento, mas que pode gerar prejuízo ou aborrecimento a quem a recebe. Na expressão é retomada a imagem do *urso* (**oso**) que, embora seja um animal associado à afetividade infantil, é, na realidade, um animal forte e voraz, capaz de esmagar um ser humano com seu abraço. Daí a associação de uma ação amistosa, o *abraço* (**abrazo**) com algo que pode acarretar em algum tipo de malefício.

La parte del león
A melhor parte

Expressão que faz referência a maior ou melhor parte de alguma coisa que é dividida injustamente entre várias pessoas. Sua origem também é atribuída à fábula de Esopo na qual um *leão* (**león**), uma vaca, uma cabra e uma ovelha juntos caçam um cervo. Porém, na hora da divisão o leão quer ficar com as quatro partes em vez de dividir o cervo entre os quatro.

Expressões com partes do corpo

Ser uña y carne dos personas
Ser unha e carne

Serem amigos muito unidos, inseparáveis ou quando duas pessoas estão sempre juntas. Como no português, a expressão faz analogia a duas coisas que estão muito próximas, como a unha da carne.

Asentar el pie ou los pies
Pisar em ovos

Agir com prudência ou cautela em determinados assuntos. A expressão em espanhol, que poderia ser traduzida literalmente como "assentar os pé" ou "os pés" em português, alude ao fato de que uma pessoa deve agir com cuidado, do mesmo modo que em português andaria uma pessoa que "pisa em ovos" com cuidado para não quebrá-los.

Cojear del mismo pie que alguien
Rir o sujo do mal lavado

Padecer do mesmo mal ou ter os mesmos defeitos que a pessoa de quem se fala. Também se diz **conocer de qué pie cojea alguien** quando uma pessoa conhece os defeitos de outra. O verbo **cojear** significa mancar, andar de modo irregular por algum defeito ou problema físico. Note que no português utiliza-se bastante as variações *Falar o sujo do mal lavado* ou *Falar o roto do esfarrapado*.

Con buen pie
Com o pé direito

Realizar alguma coisa acertadamente, ter sorte ao realizá-la. Também se pode dizer em espanhol **con el pie derecho,** com o mesmo sentido, e usar as formas contrárias **con el pie izquierdo** ou **con mal pie,** para referir-se à falta de sorte para realizar algo.

Dejar a pie a una persona
Deixar na mão.

Refere-se a faltar a um compromisso, deixar uma pessoa sem participação em alguma coisa. Literalmente, a tradução "deixar uma pessoa a pé" retoma a ideia de falta de comprometimento quando não damos carona a uma pessoa Note que na língua portuguesa é retomada por outra parte do corpo, a mão.

A boca llena
De boca cheia

Usado para a forma com que se diz algo, abertamente, com gosto ou orgulho ao dizer alguma coisa que, geralmente, é desagradável de se ouvir. Tanto no espanhol, como no português, a imagem figurada retomada é a da boca cheia. Também temos no português a expressão *Dizer com todas as letras,* que retoma a mesma ideia.

Con la boca pequeña/chiquita
Da boca para fora

Frequentemente usada em espanhol com os verbos **decir, ofrecer, prometer,** essa expressão denota falsidade ou falta de vontade em se fazer o que está sendo dito ou prometido. No português também se retoma o termo *boca* e os verbos *falar, prometer* ou *dizer.*

Quitar la palabra de la boca.
Tirar as palavras da boca

Utiliza-se essa expressão nas situações em que uma pessoa se antecipa ao que o outro ia dizer, como se tivesse adivinhado o que seria dito. Observe que em espanhol se utiliza o verbo **quitar,** enquanto no português usamos *tirar.* Há o verbo **tirar** em espanhol, porém ele tem o significado de *jogar algo com as mãos,* como no exemplo **Tiró el reloj a la pared/***Jogou o relógio na parede.*

¡Ojo! (con...)
Cuidado (com...)

Exclamação utilizada como sinal de aviso ou advertência diante de alguma situação ou pessoa que pode representar ameaça. Em espanhol utiliza-se bastante essa expressão, somente com o substantivo em situações variadas em que o falante deseja alertar o ouvinte a respeito de algo.

Costar algo un ojo de la cara.
Custar os olhos da cara

Usa-se com informalidade para expressar espanto ou admiração a respeito do valor de alguma coisa. Tanto em espanhol, como em português, a referência é feita ao olho, órgão responsável pela visão.

Dar un ojo de la cara por algo
Dar os olhos da cara

Como na expressão anterior, porém em tom hiperbólico, essa expressão geralmente é usada com o verbo no modo condicional para expressar um forte desejo de alguma coisa mesmo pagando, figuradamente, um alto valor por isso.

Mal de ojo.
Olho gordo/Olho grande

Desejo maléfico de conseguir alguma coisa de outra pessoa; inveja ou cobiça. Também no português se utiliza o órgão responsável pela visão, porém acompanhado dos adjetivos *gordo* ou *grande*, diferentemente do espanhol que já indica com o adjetivo **mal** a negatividade da expressão, manifestada, geralmente, com os verbos **echar** ou **hacer**.

No pegar ojo.
Passar a noite em claro

Passar a noite sem dormir. O verbo **pegar** usado na expressão espanhola refere-se ao ato de "juntar" ou "grudar" uma coisa na outra. Também pode-se dizer em português *não grudar/não pregar o olho*.

Tener ojo clínico/mucho ojo.
Ter olho clínico

Ser competente para desempenhar alguma ação, compreender exatamente como funciona algum mecanismo, fato, ou mesmo para antecipar diagnósticos. Veja que em espanhol pode-se expressar a ideia somente com o termo "olho", enquanto no português o sentido para a expressão só é completo quando acompanhado do adjetivo "clínico".

Ser alguien el ojo derecho de otro.
Ser a menina dos olhos de alguém

Pessoa ou coisa que é objeto de particular consideração, especialmente estimada por outra. Em espanhol, a expressão faz referência ao *olho direito* (**ojo derecho**), já no português, retoma-se a "pupila", abertura no centro do olho por onde passam os raios luminosos.

Cabeza de chorlito.
Cabeça de vento/descabeçado

Pessoa que não age com bom senso, que é muito distraída ou que não tem boa memória. Retoma-se nessa expressão a imagem de um pássaro (**chorlito**), que em português é chamado de *douradinha,* ao comparar o pequeno tamanho da cabeça do pássaro às pessoas que agem "sem cabeça", isto é, sem nenhuma reflexão.

Ser el cabeza de turco.
Pegar para Cristo/Bancar ou ser o Cristo

Usa-se em situações nas quais se atribui a culpa ou os problemas dos outros a alguém que não é o responsável. Considera-se como uma expressão histórica, uma vez que remonta dos tempos das Cruzadas. Nesse período, os cristãos cortavam as cabeças dos turcos e colocavam-nas presas em um mastro, acusando-os de todas as coisas ruins que aconteciam e que ainda estavam por acontecer. Daí o uso dessa expressão para indicar que uma pessoa está sendo acusada de algo cuja culpa é de outra. Tais expressões são usadas em contextos semelhantes aos que se usa a expressão **chivo expiatorio/***bode expiatório*.

CAPÍTULO 2

QUEM TEM BOCA VAI A ROMA

Provérbios

Breve, mas fundado em uma longa experiência, parábola condensada, mensagem literária curtíssima, cuja grande densidade compensa a brevidade, expressão sucinta de um pensamento importante com emprego quase universal, resplandece de inteligência, flecha que se finca afiada e pontiaguda na memória, o provérbio sabe, com paciência e com economia, dizer as penas e as alegrias, a mesquinhez e a esperança da condição do homem animal. Aplicável a problemas, fatos, ideias, vícios, virtudes de todos os homens, adverte, corrige, censura, desaprova e aconselha. Muitas vezes humorístico, repleto de sabedoria popular, de origem anônima e de propriedade alheia, autodefine-se como um pequeno evangelho que não engana ninguém, vale mais do que cem livros e diz a verdade de mil e uma maneiras. (ARIELLA FLONTA).[1]

---

1 Breve, ma fondato su di una lunga esperienza, parabola concentrata, messaggio letterario brevissimo di cui la grande densità compensa la brevità, espressione succinta di un pensiero importante con applicazione quasi universale, scintilla d'intelligenza, freccia che si pianta affilata e aguzza nelle memorie, il proverbio sa, con pazienza, con economia, dire le pene e le gioie,

Dizem que os provérbios caracterizam a sabedoria dos povos e que toda pessoa instruída emprega várias vezes, e muito bem, provérbios em suas falas. Será? Sabemos que os provérbios servem para que uma pessoa consiga impor a sua autoridade, mas também contradizer verdades pré-estabelecidas. São usados geralmente para encorajar alguém a fazer ou deixar de fazer algo, para dar-lhe conselhos positivos ou negativos, para estimular o perdão ou o castigo, enfim, para ajudar alguém a encarar melhor as intempéries da vida ou dar mais valor ao que lhe acontece.

Sem dúvida alguma, os provérbios representam um patrimônio cultural incomensurável que proporciona uma imensa riqueza de significados às línguas humanas, fato esse que os projeta em uma dimensão histórica universal. Além disso, sintetizam o valor de incontáveis experiências humanas que, de certo modo, são levadas a uma reflexão pelas gerações futuras para que possam extrair úteis ensinamentos e apropriadas exortações, isto é, conselhos e avisos, para serem capazes de enfrentar, com maior serenidade e confiança em si mesmos, os pequenos, grandes e múltiplos desafios que a vida cotidiana lhes reserva (BIANCARDI, F.).

Quem não conhece a célebre frase "Deus ajuda (a) quem (muito) cedo madruga",[2] empregada constantemente por trabalhadores que devem acordar cedo para ir ao trabalho, servindo de consolo e dando-lhes ânimo no dia que está por vir. Vejamos algumas des-

---

le piccinerie e le speranze della condizione d'animale umano. Applicabile a problemi, vicende, idee, vizi, virtù di tutti gli uomini, ammonisce, corregge, censura, disapprova e consiglia. Spesso umoristico, pieno di saggezza popolare, di origine anonima e proprietà di ognuno, definisce se stesso come un piccolo vangeloche non inganna nessuno, vale più di cento librie dice il vero in cento modi. (Traduzido por Claudia Zavaglia)
Extraído da Internet: http://info.utas.edu.au/docs/flonta/DP,1,1,95/ARIELLA. html, com acesso em 23/06/2005.

[2] Em espanhol: Al que madruga Dios le ayuda

sas sentenças populares em língua espanhola com o seu equivalente, sempre que possível, em português:

A buen entendedor, pocas palabras bastan
Ao bom entendedor, meia palavra basta

Significa que não é necessário dar grandes explicações sobre determinado assunto ou situação, pois a sua compreensão pode ser facilmente alcançada.

**A buen hambre no hay pan duro
(ni falta salsa a ninguno)**
Para a fome não há pão duro

Quando se tem fome, não se deve levar em consideração a qualidade do alimento, embora ela seja considerada em situações de prosperidade e fartura. Para aquele que necessita, qualquer alimento é um banquete.

A caballo regalado no hay que mirarle el diente
A cavalo dado não se olham os dentes

Esse modo de dizer evidencia que não é educado, nem aconselhável, criticar alguma coisa que lhe foi doada, presenteada ou mesmo dada; muito menos se deve ainda repreender ou censurar o seu doador. A origem desse dito popular remonta a época em que a compra e venda de cavalos era feita em feiras livres e o possível comprador examinava, antes de qualquer coisa, os dentes do cavalo, abrindo a sua boca, uma vez que era por meio dos dentes que se podia saber ou precisar a idade do animal para que o preço dele pudesse ser estipulado. Outra forma variante no espanhol é **A caballo regalado no le mires el dentado.**

39

A falta de pan buenas son tortas
Quem não tem cão, caça com gato

Chama a atenção para que o indivíduo esteja preparado para adequar-se ao que tem à mão, improvisando e fazendo uso do que dispõe para executar suas tarefas. Vales (2001) argumenta que a referência às tortas é feita porque antigamente as massas de torta eram muito duras e, embora de sabor inferior, eram utilizadas como substitutas do pão em momentos de escassez.

Agua pasada no mueve molino
Águas passadas não movem moinho

Emprega-se para descrever algo que acabou, terminou e concluiu-se de forma definitiva ou uma oportunidade que passou e jamais poderá ser recobrada. Também retoma a ideia do que devemos esquecer o passado, uma vez que ele não pode nem beneficiar-nos, nem prejudicar-nos.

Antes la obligación que la devoción
Primeiro o dever, depois o lazer

Sugere que nos dediquemos com prioridade às nossas obrigações: o trabalho, o estudo, as responsabilidades familiares e sociais, consideradas como obrigatórias na vida do ser humano. O lazer e o divertimento podem ser deixados em segundo plano, ou figurar como uma atividade posterior ao dever.

Amor con amor se paga
Amor com amor se paga

Em português, temos a extensão: **Amor com amor se paga e com desdém se apaga.** Esse provérbio e seus similares querem dizer que o amor é um sentimento cujo valor não vale nenhuma soma de dinheiro ou nenhum tipo de presente para recompensá-lo. Aconselha também que nos comportemos com os demais da mesma forma que atuaram conosco. O mesmo sentido é reiterado nas expressões **pagar con la misma moneda**/*pagar com a mesma moeda*.

A perro flaco, todo son pulgas
Em cavalo ruim até as éguas dão coice

Em português também temos *Em pau caído todo mundo faz graveto*. Entende-se que aos sofredores sempre recaem mais dores e sofrimentos, isto é, ***Desgraça pouca é bobagem*/Las desgracias nunca vienen solas**.

A palabras necias, oídos sordos
A palavras loucas, orelhas moucas

Aconselha a não darmos atenção a ofensas vindas de pessoas tolas, ou dizeres vazios que nada contribuirão para nosso enriquecimento pessoal.

Año nuevo, vida nueva
Ano novo, vida nova

Vale como voto, como um desejo ou como um firme propósito de que algo mudará no ano que está para chegar. Frase muito usada no final e no começo de cada ano como premissa de sorte e felicidade.

A rey muerto, rey puesto
Rei morto, rei posto

Significa que todas as vagas ou postos deixados por alguém podem ser ocupados rapidamente por outras pessoas.

Afortunado en el juego, desgraciado en amores
Sorte no jogo, azar no amor

Este provérbio também pode ser dito de forma inversa: *Azar no jogo, sorte no amor*. Geralmente é utilizado como

41

conforto para quem se sai mal nos jogos, servindo de
consolo para o perdedor. Em espanhol ainda há a variação
Afortunado en cartas, desgraciado en faldas.

Aprendiz de mucho, maestro de nada
*Aprendiz de muitos ofícios não
chega a mestre em nenhum*

Aponta para o fato de que aqueles que se debruçam sobre atividades variadas, ou que pretendem saber de tudo, acabam não sabendo nada. Consequentemente, se recrimina o conhecimento superficial e não aprofundado de uma atividade.

A mal tiempo, buena cara
Para grandes males, grande remédios

Aconselha a paciência e o otimismo diante das intempéries da vida, uma vez que para todo mal há um remédio.

Aunque la mona se vista de seda, mona se queda
*Ainda que mude a pele a raposa,
seu natural nunca despoja*

Indica que é inútil tentar esconder as falhas ou defeitos, porque eles sempre estarão presentes e serão descobertos. Comumente se emprega essa frase a pessoas que mudaram de status social, mas que continuam mantendo os mesmos hábitos anteriores.

Burlando se dicen las verdades
Na brincadeira se dizem verdades

Como o provérbio latino **Castigat ridendo mores** (rindo castigam-se os costumes), esse provérbio traz implícita a ideia de que nenhuma brincadeira é inocente e que, muitas vezes, por meio de brincadeira dizemos coisas que são realmente sinceras.

Buscar una aguja en un pajar
Procurar agulha em palheiro

> Expressa o fato de se procurar algo difícil de encontrar ou alcançar.

Cuando se enciende el pajar viejo, más arde que el nuevo
Panela velha é que faz comida boa

> Usa-se essa expressão para elogiar as pessoas que têm experiência. Retoma a ideia de que as pessoas que viveram mais tempo adquiriram mais conhecimento e mais experiência, por isso sabem fazer as coisas melhor e, comumente, são mais sábias. Também em espanhol o provérbio **Más sabe el diablo por [ser] viejo que por [ser] diablo,** com o mesmo sentido.

Corazón apasionado no quiere ser aconsejado
Não se manda no coração

> Significa que não é possível prever por quem se apaixonar ou aconselhar alguém que esteja apaixonado. Em português também pode-se dizer em situações semelhantes *O amor é cego*.

Cada mochuelo a su olivo
Cada macaco no seu galho

> Sugere que cada um se ocupe do que lhe é próprio e não se intrometa no que é alheio, como a variante **Cada cual en su corral.** É semelhante a expressão **Cada loco con su tema (y cada lobo por su senda)**/*Cada louco com a sua mania,* embora nesse segundo caso exista uma observação de que cada um tem seus interesses próprios e não é justo julgar aos demais por suas escolhas, mesmo que pareçam incoerentes.

43

Cada uno en su casa y Dios en la de todos
Cada um por si e Deus por todos

Como no provérbio anterior, significa que cada um deve se ater às suas atividades e não considerar os julgamentos externos.

Con las cosas de comer no se juega
Com coisa sagrada não se brinca

Significa que não se deve brincar ou zombar com coisas ou situações sérias. As "coisas de comer", neste caso, são as coisas importantes que devem ser tratadas com respeito e seriedade.

Cosa hallada no es hurtada
Achado não é roubado

Também pode-se dizer em português **Caiu na rede, é peixe**. Com essa expressão presume-se que o ser humano não precisa se responsabilizar pelas coisas que a ele são trazidas pela sorte, ou como consequência de atos despretensiosos.

Cuando el gato no está, los ratones bailan
Quando o gato sai de casa, os ratos fazem a festa

Empregada quando alguém faz aquilo que quer, do modo como pensa, aproveitando-se da ausência daquele que o controla e fiscaliza num dado momento ou período. Lacerda (1999) também registra para o português **Gato em jornada, ratos em patuscada** e **Quando o gato está longe, os ratos brincam**.

Da Dios nueces a quien no tiene dientes
Deus dá nozes a quem não tem dentes

Lacerda (1999) cita a origem deste provérbio como um costume antigo que data à época dos romanos. Nesses tempos, quando os noivos deixavam a cerimônia do casamento, o marido jogava nozes aos outros rapazes, participantes da festa, como uma forma de se despedir da vida adolescente que levava. Em Roma, quando um jovem se despedia de sua infância, dizia-se: *nuces relinquere*, que significava "deixar de brincar com nozes, abandonar o jogo das nozes". A ideia de que há uma injustiça em atribuir benefícios a quem não pode desfrutá-los é também retomada nas variantes: **Da Dios pañuelo a quien no tiene mocos, Da Dios sombrero a quien no tiene cabeza, Da Dios almendras a quien no tiene muelas** e, no português, *Deus dá asas para peixe,* ou *Deus dá asas para quem não sabe voar.*

Dar al César lo que es del César y a Dios lo que es de Dios
Dai a César o que é de César, a Deus o que é de Deus

Expressão usada em sentido figurado que indica que devemos agir com justiça e imparcialidade, de modo a reconhecer e louvar a cada indivíduo os próprios méritos e direitos. A frase refere-se ao seguinte trecho do Evangelho: "As autoridades precisavam arrumar uma maneira de incriminar Jesus. Então, perguntaram-lhe se era lícito ou não pagar o tributo a César. Jesus pediu que lhe mostrassem a moeda do tributo, e apresentaram-lhe o denário, isto é, a moeda romana da época. Ele questionou de quem era a esfinge gravada na moeda. 'É de César', responderam. Ao que Jesus disse: '*Daí a César o que é de César e a Deus o que é de Deus*'. Se Jesus mandasse não pagar o tributo, seria considerado um propagandista de César, o que contrariaria seus seguidores. A resposta de Jesus, de enorme sabedoria, manda tirar de César o que pertence a Deus, ou seja, ao povo de Israel. Jesus não poderia ter dito povo, por isso disse Deus.

De buenas intenciones está empedrado el infierno
De boas intenções o inferno está cheio
> Significa que não bastam as promessas de se fazer coisas boas, é necessário colocá-las em prática.

De la ocasión nace la tentación
A ocasião faz o ladrão
> Este provérbio aconselha que não se propicie uma situação ou uma oportunidade para que um ato reprovável possa acontecer.

De la panza sale la danza
Bem canta Marta, depois de farta
> Sugere que uma pessoa deva se alimentar para que possa ter condições de levar adiante as suas ações cotidianas. Em português também é comum dizer *Saco vazio não para em pé*.

De tal palo, tal astilla
Tal pai, tal filho
> Empregada quando alguém quer justificar o comportamento adequado ou inadequado do filho, que seria idêntico ao do pai, uma vez que teria sido herdado por ele. Em português temos também *Filho de peixe, peixinho é*.

Del dicho al hecho hay un trecho
Entre o falar e o fazer há muito que meter
> Crítica a quem se vangloria de seus feitos antes mesmo de realizá-los efetivamente. O dito instaura também a dúvida sobre a real possibilidade de se concretizar uma atividade ou tarefa. Possui variantes: **Del decir al obrar, mil pasos hay que dar; Del pensar al hacer hay cien leguas que correr.**

Dime con quién andas y te diré quién eres
Diga-me com quem anda e eu direi quem você é

Alude a ideia de que as pessoas costumam estar acompanhadas daquelas que compartilham suas crenças e ideais, daí os bons se rodearem de pessoas boas e as más das pessoas más.

Donde las dan, las toman
Aqui se faz, aqui se paga

Esse provérbio é utilizado quando se quer expressar satisfação ao ver que uma pessoa sofreu do mesmo mal que causou a terceiros.

Donde comen dos, comen tres
Onde comem dois, comem três

Refere-se à solidariedade humana em compartilhar a mesa e os bens com os demais. Em espanhol há outros provérbios com o mesmo sentido: **La mesa de San Francisco, donde comen cuatro comen cinco** ou **Donde caben cuatro, caben cinco**.

Donde hay capitán no manda marinero
Onde tem onça, macuco não pia

Advertência ao respeito das hierarquias sociais ou mesmo divina (**Cuando Dios no quiere, los santos no pueden**). Também demonstra a onipotência dos superiores aos seus subordinados.

Dos no riñen si uno no quiere
Quando um não quer, dois não brigam

Recomenda a prudência e a tolerância nas relações para que sejam mantidos a ordem e o bom entendimento.

47

El comer y el rascar, todo es empezar
Comer e coçar, é só começar

Indica que algumas atividades podem ser realizadas sem muita reflexão, simplesmente seguindo os instintos, como são os atos de comer ou coçar, por exemplo.

El gato escaldado, del agua fría escapa
Gato escaldado tem medo de água fria

Adverte para o fato de que algumas pessoas temem coisas que não são perigosas pelo fato de já terem sido prejudicadas em situações similares. Dessa forma, desconfiam de tudo que seja semelhante à experiência vivida anteriormente.

El hombre propone y Dios dispone
O homem põe e Deus dispõe

Sentencia que o sucesso ou o fracasso estão além da vontade humana, uma vez que Deus é soberano em suas decisões. Em espanhol também há a variação **El hombre propone, Dios dispone y la mujer descompone,** referindo-se pejorativamente à capacidade que algumas mulheres têm de alcançar seus propósitos, mesmo que sejam contrários aos interesses do homem.

El mundo es un pañuelo
Como o mundo é pequeno

Usado para expressar coincidências que revelam que as coisas estão muito mais próximas do que as julgamos diariamente.

El tiempo es oro
Tempo é dinheiro

Empregado quando alguém deseja dizer que não se pode perder tempo na vida sem fazer algo. Há outros provérbios em espanhol que retomam a mesma ideia:

Tiempo ido, nunca más venido; Tiempo pasado, jamás tornado; Tiempo perdido, para siempre es ido. Recomenda valorizar o tempo, sem se deter em questões de menor importância ou atividades inúteis.

El agua blanda y la piedra dura, gota a gota hace cavadura
Água mole em pedra dura, tanto bate até que fura

Significa que com o passar do tempo é possível alcançar aquilo que se deseja se houver uma continuidade de tentativas. Destaca-se, nesse provérbio, além da perseverança, o valor da humildade, uma vez que a gota, em sua pequenez, consegue romper a dureza da pedra. Um provérbio semelhante em espanhol diz **Dando y dando, la gotera va horadando**.

En boca cerrada no entran moscas
Em boca fechada não entra mosquito

Esse provérbio sugere que quem fica quieto, sem falar bobagens, não se mete em encrenca. Em espanhol temos também o provérbio **Al buen callar llaman Sancho**. Obviamente, não se trata de Sancho Panza, o fiel escudeiro de D. Quijote de la Mancha, mais conhecido por sua grande capacidade retórica, sobretudo a de sentenciar provérbios. Este Sancho, segundo Vales (2001), é um castelhano imaginário, que estabelece relação com o comportamento calado e severo dos castelhanos, muitas vezes visto como sinônimo de prudência.

El hábito no hace el monje
O hábito não faz o monge

Significa que a aparência não é suficiente para mudar a realidade. Esse dito popular nasceu na Idade Média, quando

49

muitos malfeitores se vestiam de monges para conseguir realizar suas malfeitorias, ou seja, crimes, danos ou malefícios.

El hombre es fuego, la mujer estopa, viene el diablo y sopla
O homem é fogo e a mulher é pólvora, vem o diabo e sopra

Esse provérbio aconselha que homens e mulheres estejam em locais separados a fim de evitar tentações.

En casa del herrero, cuchillo de palo
Em casa de ferreiro, espeto de pau

De um modo geral, esse provérbio pode ser empregado em situações variadas nas quais uma pessoa precisa de algo que não tem, mas que deveria ter em função de sua profissão.

En tierra de ciegos, el tuerto es rey
Em terra de cegos, quem tem um olho é rei

Chama a atenção para a vantagem que uns têm sobre os outros, mesmo em situações que se tem muito pouco. Por desdobramento, aconselha que valorizemos e nos conformemos com o que temos, uma vez que outras pessoas têm muito menos. Note que em espanhol o provérbio é construído com o termo **tuerto**, falso cognato que designa a pessoa que tem um olho só.

El que a hierro mata, a hierro muere
Quem com ferro fere, com ferro será ferido

Esse provérbio tem origem bíblica. Segundo o evangelho de são Mateus, no momento em que Judas e seus seguidores subiram no Monte das Oliveiras para prender Jesus, um dos apóstolos o defendeu com uma espada. Jesus, ao ver o ato, disse-lhe: "Embainha a tua espada, porque todos os que lançarem mão da espada, à espada morrerão". (Mateus, 26; 52). Significa que o mau que é feito a uma pessoa se voltará contra seu agressor. Na esfera dos relacionamentos amorosos, a relação entre causa e consequência é apontada em espanhol pelo provérbio **Quien con perros se acuesta, con pulgas se levanta.**

El vaso malo nunca se cae de la mano
Vaso ruim não quebra
Frase usada para denotar a longa duração de pessoas ou fatos ruins que parecem não ter fim. Também há em espanhol a variação **Hierba mala nunca muere.**

Grande o pequeño, cada uno carga con su leño
Cada um tem a sua cruz
Este provérbio retoma a vida de Jesus Cristo. Durante muito tempo a cruz foi chamada de "leño", que representa, para os cristãos, os pecados e sofrimentos do ser humano.

Hablando del rey de Roma, por la puerta asoma
Falando do diabo, aparece o rabo
Frase usada para expressar a casualidade entre o que se está dizendo e o que acontece simultaneamente ou imediatamente após ser dito.

Las paredes tienen oídos
As paredes têm ouvidos
Significa que temos de tomar cuidado ao falarmos e conversarmos, pois haverá sempre um alguém a nos escutar. Há a variação **La pared oye y ve.**

La prisa no es buena consejera
A pressa é inimiga da perfeição

Significa que é melhor fazer as coisas com calma, para que saiam bem feitas. Em espanhol também temos a variação **A camino largo, paso corto.**

La corriente silenciosa es la más peligrosa
A água silenciosa é a mais perigosa

Empregada quando alguém quer se referir a uma pessoa que se mostra aparentemente calma, tranquila e apaziguadora, mas que, na verdade, faz de tudo para alcançar determinados objetivos na vida.

La luz después de la tinieblas
Depois da tempestade, vem a bonança

Expressa períodos temporários de dificuldade. Depois virá um tempo bom, de maior felicidade.

La unión hace la fuerza
A união faz a força

Atesta para o fato de que a solidariedade entre os homens pode trazer muitos benefícios. Também reafirma a capacidade dos povos em lutar por interesses coletivos e não individuais, opondo-se a ideia do individualismo.

Más vale la salsa que los caracoles
Sai mais caro o molho do que o frango

Essa expressão é muito usada no contexto culinário, uma vez que para realizar alguns pratos, alguns ingredientes de acompanhamento acabam por custar mais caro que o prato principal. Metaforicamente, ela é empregada nas situações em que para se realizar algo deve-se realizar coisas acessórias que acabam custando mais caro ou gerando mais trabalho do que a coisa em questão.

Más vale tarde que nunca
Antes tarde do que nunca
   Empregada quando alguém comenta com ironia e de forma conformista o atraso de uma pessoa ou de um acontecimento que se esperava e se desejava há muito tempo.

Más vale pájaro en mano que ciento volando
Melhor um pássaro na mão do que dois voando
   Empregada quando alguém prefere garantir aquilo que possui ou tem em mãos do que sonhar ou almejar algo que esteja longe de ser alcançado.

Más presto se coge al mentiroso que al cojo
Mentira tem perna curta
   Significa que cedo ou tarde a mentira será descoberta, em analogia a ter pernas curtas e por isso mesmo não conseguir ir muito longe.

Mejor solo que mal acompañado
Antes só do que mal acompanhado
   Melhor ficar ou permanecer sozinho que em má companhia ou com a pessoa errada.

Mientras hay vida, hay esperanza
A esperança é a última que morre
   Alude ao fato de que é sempre bom continuar tentando quando se deseja muito alcançar algo.

Muchos van por lana y vuelven trasquilados
Foi buscar lã e voltou tosquiado
>Refere-se à ambição e ganância do homem que muitas vezes são colocadas em primeiro plano, causando sua própria ruína.

No echar el carro antes de los bueyes
Não colocar a carroça na frente dos bois
>Alude ao fato de se inverter a ordem lógica de uma série de ações, ou seja, fazer as coisas de um modo errado e absurdo.

No es tan fiero el león como lo pintan
O diabo não é tão feio quanto parece
>Chama a atenção para o fato de que muitas vezes a aparência física ou a fama de uma pessoa não corresponde às suas qualidades internas ou às suas intenções.
>
>Também pode referir-se a assuntos que geralmente são tidos como complexos e difíceis, mas na realidade são mais simples do que parecem quando realizados.

No hay mal tan grave que, si no se acaba, no acabe
Não há mal que sempre dure
>De uma forma otimista, este provérbio afirma que as tristezas e misérias da vida têm um fim. Uma variação desse provérbio é **No hay mal que cien años dure ni gitano que lo aguante.** Embora um pouco preconceituosa, essa expressão é conhecida por retomar a paciência dos ciganos para superar os altos e baixos da sua história, fato que também pode se estender a qualquer outro ser humano.

No dejes para mañana lo que puedas hacer hoy
Não deixe para amanhã o que pode fazer hoje
>Adverte para a preguiça e para que sejamos ativos em nosso trabalho.

No digas: de este agua no beberé
Nunca diga: dessa água não beberei

Alerta para o futuro que é algo desconhecido e que, portanto, não podemos prever as circunstâncias ou as situações pelas quais teremos que passar.

No hay peor ciego que el que no quiere ver
O pior cego é aquele que não quer enxergar/ver

Em algumas situações é inútil falar ou tentar convencer alguém que não quer escutar os conselhos de outra pessoa ou perceber o que ela está tentando mostrar.

No es oro todo lo que reluce (ni harina lo que blanquea)
Nem tudo o que reluz/brilha é ouro

Este provérbio é um convite a não se deixar enganar pelas aparências de algo ou alguém.

Obras son amores, que no buenas razones
Obras são amores e não palavras doces

Diz este provérbio que é pelos atos e comportamentos que se pode avaliar a condutas das pessoas e não pelo que elas dizem ou prometem fazer e, alguma vezes, não fazem.

Ojos que no ven, corazón que no siente
O que os olhos não veem o coração não sente

Emprega-se quando alguém diz que se uma pessoa não sabe certos fatos ou acontecimentos desagradáveis, ela não sofrerá com eles, justamente por desconhecê-los.

Ojo por ojo, diente por diente
Olho por olho, dente por dente

Empregada quando alguém pretende se vingar de outra pessoa, por causa de uma ofensa ou um dano sofrido, na mesma medida em que foi prejudicado.

Para gustos están los colores
Gosto é gosto (não se discute)

Quando alguém quer afirmar que cada um tem a sua preferência por algo ou alguém e que ela deve ser respeitada. Em espanhol temos também a forma **Sobre gustos no hay nada escrito,** que tem o mesmo sentido.

Perro ladrador, nunca buen mordedor
Cão que ladra, não morde

Significa que aquela pessoa que faz muitas ameaças, geralmente não as concretiza. Também temos em espanhol as variações **Perro ladrador, poco mordedor** e **Gato maullador, poco cazador.**

Por la boca muere el pez
O peixe morre pela boca

Recomenda esse provérbio ter cuidado com as coisas que dizemos que, por vezes, podem ser o motivo de nossa própria desgraça.

Poderoso caballero es Don Dinero
Poderoso cavalheiro é Bom Dinheiro

De acordo com Vales (2001), esse provérbio ganhou muita popularidade na Espanha em função de uma sátira feita por Quevedo (1580-1645), cuja primeira estrofe dizia:

Poderoso caballero es Don Dinero
Madre, yo al oro me humillo;
él es mi amante y mi amado,
pues de puro enamorado, de contino anda amarillo;
que pues, doblón o sencillo,
hace todo cuanto quiero,
poderoso caballero es Don Dinero.

Nessa história Quevedo conta o nascimento ilustre de **Don Dinero de las Indias** que representava o ouro procedente da América nos séculos XVI e XVII e demonstra o valor atribuído ao dinheiro e a riqueza pelo homem.

Pues no va Mahoma al otero, vaya el otero a Mahoma
Se a montanha não vai até Maomé,
Maomé vai até a montanha

Significa que quando os fatos ou as situações não evoluem ou não se desenvolvem sozinhos é melhor intervir até que se verifiquem ou se concretizem.

Quien bien busca, algo encuentra
Quem procura acha

Quem vai até o fim para procurar ou encontrar algo, com certeza o achará, mas se desiste logo, não terá nenhum resultado. Quem se empenha encontra bons resultados.

Quien roba a un ladrón tiene cien años de perdón
Ladrão que rouba ladrão tem cem anos de perdão

Sugere que as más ações praticadas contra as pessoas más podem ser perdoadas, uma vez que são entendidas, na cultura popular, como uma forma de justiça.

Quien come la carne, que roa el hueso
Quem come a carne, que roa o osso
    Figurativamente, este provérbio chama a atenção para o fato de que mesmo as coisas prazerosas da vida têm os seus dissabores e que aqueles que desfrutam de tais prazeres devem ter consciência das amarguras que as seguem.

Quien ríe demasiado, es tonto confirmado
Onde há muito riso, há pouco juízo
    Chama a atenção para o comportamento frívolo e vazio, pois às vezes a risada exagerada é sintoma de falsidade ou insensatez.

Sólo se vive una vez
Só se vive uma vez
    Recomenda que tenhamos uma postura alegre e otimista diante da vida, e não nos preocupemos e nos aborreçamos por qualquer coisa, pois só teremos uma uma única vida para ser aproveitada.

Tantas veces va el cántaro a la fuente que se acaba por romper
Tantas vezes vai o cântaro à fonte que (um dia) se quebra
    O provérbio instrui para não insistir em atividades perigosas ou em correr riscos repetidas vezes. De acordo com Vales (2001), as fontes eram, tradicionalmente, locais de reunião de moças e moços nas áreas rurais. Para evitar contratempos, as moças eram aconselhadas a não ficar muito tempo na fonte e voltar logo para casa com o cântaro intacto. O cântaro, neste caso, passa a ser uma representação da moral e do decoro.

Todo camino va a Roma
Todos os caminhos levam a Roma
> Existem muitos e diferentes meios e modos de se chegar a um mesmo resultado.

Todo tiene remedio en esta vida, excepto la muerte
Para tudo há remédio, menos para a morte
> Adverte que, por mais difícil que possa parecer, não há problema que não possa ser resolvido.

Una golondrina no hace verano
Uma andorinha não faz verão
> Significa que uma pessoa sozinha ou um caso isolado não se constitui numa regra. Também pode aludir ao sentido de união entre as pessoas para obter melhores resultados em alguma empreitada.

Ver y creer como santo Tomé
É preciso ver para crer
> Este provérbio, de origem bíblica, retoma a passagem da ressurreição de Cristo e são Tomé (O evangelho de João, 20; 24-29). De acordo com os Evangelhos, Jesus apareceu aos seus discípulos após sua morte para comprovar sua ressurreição. Nessa ocasião, Tomé não estava presente e ao ouvir o relato de seus colegas sobre a aparição de Jesus, disse: "Se eu não vir o sinal dos cravos em suas mãos, e não puser o dedo no lugar dos cravos, e não puser a minha mão no seu lado, de maneira nenhuma o crerei". Após uma semana, quando todos estavam reunidos novamente, inclusive Tomé, Jesus voltou a aparecer e disse para Tomé: "Põe aqui o teu dedo e vê as minhas mãos; e chega a tua mão e põe-na a meu lado; e não sejas incrédulo, mas crente". Tomé

se arrependeu de sua atitude e ficou envergonhado, então Jesus disse: "Bem-aventurados os que não viram e creram".

Viento y ventura poco dura
Ventura nunca é segura e pouco dura

A ideia de que *O que é bom dura pouco* é retomada nesse provérbio e em sua forma variante **Buena ventura poco dura.**

Quien siembra vientos, recoge tempestades
Quem planta vento, colhe tempestade

Para que se evitem consequências maiores, deve-se destruir inteiramente, e em tempo, aquilo que danifica ou molesta algo ou alguém. Também adverte para as atitudes ofensivas que poderão ter consequências ruins no futuro. Em espanhol também temos a forma mais explícita: **Quien siembra odio, recoge venganza.**

Quien se fue a Sevilla, perdió su silla
Quem foi à roça perdeu a carroça

Expressão irônica para dizer que uma pessoa perdeu uma oportunidade ou algum bem material por não estar presente no momento oportuno.

Quien no arrisca, no aprisca
Quem não arrisca não petisca

Temos também a forma em português: **Quem não arrisca não petisca, nem pega peixe sem isca.** Significa que aquele que não tentar conseguir algo, correndo risco ou se expondo, não conseguirá alcançar aquilo que deseja ou almeja. Adverte que o excesso de prudência pode não contribuir para o sucesso e o desenvolvimento do homem,

Un lobo a otro no se muerden
Lobo não come lobo

Ensina esta sentença que as pessoas se unem na má índole ou em qualquer outro tipo de causa e são solidárias, mesmo quando têm juntas objetivos perversos.

Unas veces se gana, otras se pierde
Às vezes se ganha, às vezes se perde

Consiste em uma afirmação de conformismo diante das venturas e desventuras da vida, uma vez que ora nos beneficiam, ora nos prejudicam os acontecimentos de nossa existência. Outros provérbios com sentido parecido em espanhol: **Yendo y viniendo vamos viviendo** e **Unas veces tropezando y otras cayendo, vamos viviendo**.

Unos crían la fama y otros cardan la lana
Cria fama e deita na cama

Essa sentença chama nossa atenção para o fato de que nem sempre as pessoas com má fama são responsáveis por todos os atos que a elas são atribuídos. Muitas vezes o ser humano condena aquele que já é visto como criminoso por conveniência e acaba cometendo injustiças.

Voz del pueblo, voz del cielo
A voz do povo é a voz de Deus

Os latinos traduziram esse provérbio utilizado na Grécia clássica da seguinte forma: **Vox populi, vox Deo**. Em espanhol também temos a forma menos ocorrente **Voz del pueblo, vos de Dios**. Faz referência à segurança com que o povo emite sua opinião, além de ressaltar a importância de ter em conta a opinião do povo antes de tomar as decisões que o afetam.

CAPÍTULO 3

AMIGO DA ONÇA

Os falsos cognatos

Muitos brasileiros, principalmente os descendentes de espanhóis ou aqueles que já estiveram em algum país de fala hispânica alguma vez, acham que falam e entendem perfeitamente a língua espanhola porque conhecem e sabem o que significam algumas palavrinhas.

Quando entra no ar na televisão brasileira uma novela ou série com algum personagem espanhol ou argentino então, todo mundo começa a se achar o "sabido" da língua espanhola, acreditando que os atores estão realmente falando um espanhol perfeito! E as propagandas das escolas particulares de língua estrangeira? Satirizam e ridicularizam o idioma espanhol, como se não houvesse outro aspecto a ser explorado pelo aprendiz brasileiro, senão o da suposta proximidade entre as duas línguas.

Com efeito, são muitas as palavras em espanhol e português que se escrevem da mesma maneira, tanto na linguagem comum quanto na técnica. Além disso, há muitas palavras que se pronunciam de modo muito semelhante.

Entretanto, o que muita gente não sabe, é que o espanhol não é tão fácil assim e tampouco tão transparente como muitos acreditam. Embora existam muitas similaridades lexicais, as palavras são empregadas de modo diverso em seus contextos de uso e fazem referência a realidades sociais, culturais e políticas muito distintas.

A suposta similaridade pode levar o leitor, muitas vezes, a se afastar do verdadeiro significado da palavra que está lendo, contribuindo para que haja o engano a partir dos "falsos conhecimentos" adquiridos. Toda essa semelhança é muito comum para as línguas que derivam do latim e que, por isso mesmo, têm a mesma origem.

Saber, conhecer e principalmente conseguir diferenciar um falso amigo ou falso cognato no momento de se realizar uma tradução ou mesmo de se empregar uma dessas palavras em espanhol é o que poderá, em alguns casos, rotular o tradutor, o professor ou o aprendiz de bom ou ruim, por incrível que pareça.

Por isso, agrupamos algumas dessas palavras neste capítulo, fazendo um esforço de tentar reproduzir os possíveis enganos que você estaria sujeito a cometer se não soubesse o real significado e os contextos de uso delas. Vejamos:

ABRIGO

Este termo derivado do latim (*aprícus*) significa peça de roupa que serve para abrigar, especificamente, aquela peça que se coloca por cima de todas as roupas para sair na rua nos dias de muito frio. No português, o termo utilizado é *casaco*. Já o *abrigo* do português brasileiro pode significar muitas coisas diferentes: lugar que serve para abrigar ou proteger, casa de assistência social para pessoas de idade, órfãos ou desamparados e também o agasalho constituído de duas peças, geralmente calça e blusa de frio, do mesmo tecido ou estampa. Para traduzir as duas primeiras acepções de *abrigo* ao espanhol, usa-se mais o termo **refugio**.

ALIAS

Não pense que **alias** é *aliás* em português. **Alias** é um nome utilizado no lugar do próprio nome de uma pessoa ou como um complemento do seu próprio nome, como um apelido ou alcunha. Para dizer *aliás* em espanhol usa-se **además**.

ACEITAR

Se você acha que **aceitar la ensalada** é *aceitar comer a salada*, errou. Este verbo, muito frequente na língua espanhola, significa colocar azeite para temperar ou untar alguma coisa. O azeite de oliva (do árabe *azzáit*) é o líquido obtido por meio da prensagem da azeitona fria e é muito consumido na Espanha, na Itália e em Portugal, sendo considerado um dos principais ingredientes da culinária mediterrânea. Para *aceitar* um convite ou qualquer outra coisa em espanhol usa-se o verbo **aceptar**. Coloquialmente, na Argentina, o verbo **aceitar** também é usado como sinônimo de *sobornar*, e também na expressão **aceitar los patines,** que significa *prostituir*.

ACORDAR

Você que acha que **acordar** é despertar para o dia, está enganado. Embora o dicionário registre esse uso para algumas regiões específicas da Espanha, no dia a dia esse verbo é muito empregado para se referir ao ato de *entrar em acordo* ou *colocar-se de acordo com outra pessoa.* Na língua portuguesa usamos o verbo *concordar* com mais frequencia, embora existam também os mesmos significados utilizados em espanhol.

65

ADOBO

Adobo é o que se usa na terra para fertilizá-la? Não é isso não. **Adobo** em espanhol significa a mistura de vários condimentos, como vinagre, sal, alho, pimenta e outras ervas aromáticas para temperar as comidas. É o nosso conhecido *tempero* ou *condimento*. *Adubo* em espanhol é fertilizante ou **abono**.

AFEITAR

Antes de ir a festas ou sair para tomar um chopinho com os amigos, você costuma **afeitarse**? Só se você for homem, né? Porque esse verbo significa *fazer a barba*.

Na verdade, antigamente esse verbo possuía o mesmo significado de *enfeitar* do português, mas esse sentido caiu em desuso e atualmente é utilizado somente com o sentido de *barbear-se*. *Enfeitar* em espanhol é **adornar**.

ALEJADO

A frase "Mi marido está **alejado**" parece "Meu marido está aleijado"? Parece mesmo, né? Mas não é!

Alejado em espanhol é o particípio do verbo **alejar(se)**, que significa estar *longe, afastado, distante*. Já para a pessoa que sofreu algum tipo de mutilação ou que tem alguma imperfeição física na perna, usa-se o termo **cojo**. Se a deformidade for na mão, usa-se outro falso cognato em espanhol que é **manco**.

ANO

Você entende "El **ano** nuevo" como O *ano novo*? Tome cuidado...

O **ano** em espanhol é o *ânus* (isso mesmo!) e o *Ano* (2010, por exemplo) é **año**. As festas de ano novo em espanhol também podem ser chamadas de **fiestas de nochevieja**, que é a forma muito comum para designar a noite entre 31 de dezembro e primeiro de janeiro.

ARMADILLO

Aqui sim, temos outra armadilha. **Armadillo** é o nome dado a um animal, você sabe qual? É o *tatu*. Para dizer *armadilha* em espanhol usa-se **trampa**, tanto no sentido literal, de objeto utilizado para caça, como no figurado, de ações planejadas para enganar uma pessoa. Na Argentina, o termo **trampa** também é usado coloquialmente para significar a relação amorosa ou sexual clandestina que uma pessoa casada ou comprometida tem com outra — na língua portuguesa costuma-se chamar de *caso*.

Há em espanhol outras expressões com esse termo:

- **Caer en la trampa**
- *Cair em uma armadilha*

- **Hacer trampa**
- *Usar alguma artimanha para enganar alguém*

- **Llevarse la trampa**
- *Fracassar ou frustrar algum plano*

- **Sin trampa ni cartón**
- *Sem enganos ou truques*

- **Trampa adelante**
- *Contrair uma dívida atrás da outra*

ASA

"Tanto el pico como el **asa** de la tetera están rotos". Se você acha que estamos falando de uma ave, você se enganou novamente. **Tetera** é *chaleira* em espanhol e a **asa** é a alça. Usa-se **asa** para qualquer tipo de alça: da mala, da vasilha, da bolsa... E para as *asas* dos animais o termo em espanhol é **ala.**

ASIGNATURA

"Hacer una **asignatura**" é o mesmo que *assinar*? Pode até parecer, mas não é. **Asignatura** é uma disciplina, uma matéria que faz parte da grade curricular de algum curso. Para **assinar um documento** em espanhol se diz **firmar.** Observe que o verbo *firmar* no português também possui essa acepção e é muito usado no contexto jurídico, como *Firmar uma procuração,* por exemplo.Há também a expressão **asignatura pendiente** que significa um problema ou assunto que ainda não se conseguiu resolver.

AULA

"Ella está en el **aula** de geografía" é *"Ela está na aula de geografia"*? De jeito nenhum. Ela está na *sala* de geografia, e para referir-se às aulas de cada grupo escolar usa-se **clases**. Confuso, não? Mas o exemplo esclarece: **Tengo clases de geografía en el aula dos**. *Tenho aulas de geografia na sala dois*.

BALCÓN

Se alguém diz que te viu em um **balcón** você vai achar que te viram em um bar? Pode até ser, se o bar estiver em um edifício e tiver *sacada,* pois é isso que significa essa palavra em espanhol. Na Espanha, bem como em muitos países da América Latina, os bares costumam ter balcões, mas são chamados de **barras**. Inclusive, é muito comum que os preços de um cardápio venham em três fileiras: o primeiro, e mais barato, é o do balcão (**barra**), o segundo é o da mesa (**mesa**), e o terceiro, e mais caro, é o da varanda (**terraza**).

O verbo **balconear** é usado na Argentina para se referir coloquialmente a ação de observar de fora os acontecimentos, sem ter a intenção de participar deles.

BASURA

Parece "vassoura", né? Mas é "lixo". *Vassoura* em espanhol se chama **escoba**, e *escova* se chama **cepillo**. **"La escoba se emplea para barrer la casa y el cepillo para peinar el pelo"**.

Na Argentina é utilizado o verbo **basurear** com o sentido de ofender ou humilhar uma pessoa: **El padre de Javier lo basurea todo el tiempo**/*O pai de Javier o ofende o tempo todo*.

BOCADILLO

"Comer un **bocadillo** de queso" é comer só um pouquinho de queijo? Um "naco"? Não é não. Um **bocadillo** é um lanche, um pedaço de pão recheado com algum alimento: queijo, presunto, anchovas... Na Espanha, ele recebe vários nomes diferentes: **bocata**, **sándwich**, **montado**, **pepito**, **hamburguesa**... Na Argentina, além do termo **bocadillo,** existe também o **choripán,** lanche feito com **chorizo** (embutido feito de carne de porco ou vaca e condimentos, assado na churrasqueira) e pão.

69

BOLSA

Una bolsa em espanhol não é *uma bolsa,* e sim uma sacola, dessas de plástico que nos dão no supermercado e são tão recriminadas pelos ecologistas. Uma *bolsa* usada, principalmente, por grande parte das mulheres brasileiras é um **bolso** e para *bolso,* da calça jeans ou da saia, se diz **bolsillo.** Existe também a expressão **bolsa de gatos,** usada para se referir a um grupo de pessoas entre as quais há muita discórdia em função da divergência de opiniões. Em português: *balaio de gato.*

BRINCAR

Esse verbo faz referência ao ato de *saltar* e não de brincar, no sentido infantil ou de não se falar seriamente. **Dar un brinco** é dar um salto, pular. Já para *brinco,* objeto de adorno que se usa na orelha, o termo mais utilizado é **pendiente.** Também é usado em espanhol o termo proveniente do inglês *piercing* (pronucia-se písrin) para os que são colocados em outras partes do corpo.

CACHO

Você acharia estranho se alguém te oferecesse **un cacho de pan**? Pois não deveria... **Un cacho** é um pedaço pequeno de alguma coisa. Para *cacho* de frutas, como cacho de uva, por exemplo, emprega-se em espanhol o termo **racimo.** Na Argentina, o termo **cacho** também é usado coloquialmente para referir-se ao cigarro de maconha, o *baseado,* e que na Espanha é conhecido como **porro** ou **canuto.**

CAJÓN

Parece *carrão*, não parece? Mas carro em espanhol se chama **coche**. **Cajón** é uma *gaveta*. Há a expressão **cajón de sastre**, que significa um lugar no qual se juntam coisas muito diferentes entre si, cuja tradução literal seria *gaveta de alfaiate*.

CARNICERÍA

Se você pensou em carne, acertou! Mas não pense em carnificina, e sim em *açougue*, o lugar onde se corta e prepara a carne para a venda. E quem faz isso é o **carnicero**, é claro, o *açougueiro*, em português.

CARTÓN

Já imaginou alguém tentando pagar uma conta com um **cartón**? Nenhuma loja iria aceitar, porque **cartón** é *papelão*. Para *cartão de crédito* e *cartão postal* temos **tarjeta de crédito** e **tarjeta postal** em espanhol.

CENA

"¡La **cena** ha sido buenísima!" E não foi aquela da televisão!

A *cena* da novela em espanhol é **escena** e **cena** é o *jantar*, a *ceia*. E *jantar* em espanhol é **cenar**. ¡Qué aproveche!

CHATEAR

Se você pensa que agora vamos começar a falar de chateações ou aborrecimentos, pode esquecer, porque esta palavrinha entrou na língua espanhola através do inglês. Isso mesmo, **chatear** vem de *chat*, da comunicação em tempo real pela internet através de textos escritos. Dessa forma, significa conversar pela internet, de preferência sobre coisas agradáveis, sem chateações. Na Argentina também se usa o termo **chateo** para designar a mesma ação.

CIERTO

¿Es **cierto** que sólo dos personas conocen la fórmula secreta de la Coca-Cola? Eu não sei responder a pergunta, o que eu sei é que nessa pergunta não se está querendo saber o que é *certo* ou *errado,* mas sim se é **verdade**. É muito comum começar a pergunta dessa forma **¿Es cierto que...?** quando se quer saber se a informação é verdadeira ou não. Para se dizer *certo* em espanhol, se usa **correcto**. Há outras expressões com este termo:

- **De cierto** usa-se para expressar certeza:
- *Por certo*

- **Estar en lo cierto** quer dizer *ter razão* ou *agir acertadamente.*

- **Por cierto** usa-se para expressar concordância:

  ¿**Vas al cine esta noche?**
  Você vai ao cinema hoje à noite?

  Por cierto
  Vou sim.

  No es cierto usa-se para contestar ou contradizer alguma coisa.

- **Si bien es cierto que** usa-se para expressar concessão ou adversidade (**aunque**).

COPA

Para beber água em espanhol você pede **una copa**? Esteja atento!

Copa em espanhol é *taça* ou *cálice*, onde se bebe vinho, licor... e **taza** é onde se bebe leite ou café. Isso mesmo, *uma xícara de leite* é **una taza de leche**, e *uma xícara de café* é **una taza de café**. O *copo* onde bebemos água, em espanhol, se chama **vaso**. E as flores? Onde vamos colocar? Em um **jarrón**.

Mas não para por aí... Há também em espanhol a palavra **copo** que significa *floco*, como em **copo de nieve** ou **copo de algodón**.

DESABROCHAR

Abrochar ou **desabrochar** é o verbo utilizado para *abotoar* ou *desabotoar* os botões das roupas e não os botões das flores. Para as flores se usa **desabotonar**.

Cuidado: **abrocharse** também é uma forma coloquial e grosseira de se referir às relações sexuais na Argentina.

DESECHABLE

¿Crees que las relaciones humanas son **desechables**? Eu não acredito porque **desechable** não é *desejável*, e sim **descartável**. *Desejável* em espanhol é **deseable**.

EMBARAZADA

Essa você já conhecia, não? **Embarazo** significa gravidez e **embarazada** é o adjetivo atribuído à mulher grávida. Há também a acepção de *estar coibido, embaraçado,* nos dicionários espanhóis, mas ela não é tão utilizada, para expressar essa ideia se usa mais **avergonzado/a.**

EN CUANTO

Esse termo gera muita confusão quando se traduz do espanhol para o português em função do caráter temporal atrelado a ele e ao seu falso cognato. **En cuanto** expressa um tempo imediatamente após o que está sendo referido, e pode ser traduzido como *assim que* ou *logo que*. Exemplo: **Tu abuelo llegó en cuanto saliste**/*Assim que você saiu, seu avô chegou aqui.*

Comumente se confunde com *enquanto*, que na língua espanhola é expresso por meio da conjunção **mientras.**
Muitas outras expressões são construídas com essa conjunção:

- **Mientras más**
- *quanto mais*

Mientras más compran, más quieren comprar/ *Quanto mais eles compram, mais querem comprar.*

- **Mientras no**
- *enquanto não*

Mientras no me traigan el paquete, no les daré el dinero/*Enquanto não me trouxerem o pacote, não lhes darei o dinheiro.*

- **Mientras que**
- *expressa adversidade*

Siempre ha tenido muchos amigos mientras que ellos nunca le hicieron caso/*Sempre teve muitos amigos, mas eles nunca lhe deram muita atenção.*

- **Mientras tanto**
- *enquanto isso*

Yo voy a escribir el libro, mientras tanto,
tú haces el informe/*Eu vou escrever o lirvo,
enquanto isso, você faz o relatório.*

ESCRITORIO

É a mesa apropriada para os estudos ou trabalho em um escritório, que em português chamamos de *escrivaninha*. Já a palavra que designa *escritório* em espanhol chama-se **oficina**. E a *oficina mecânica*? Chama-se **taller**, que parece *talher*, não é mesmo? Mas na verdade, essa palavra vem do francês (*atelier*), como em português, *ateliê*, usada como sinônimo de oficina, ou local onde várias pessoas trabalham juntas. Para *talheres*, em espanhol, usa-se **cubiertos**.

EXPERTO

"¿Te crees un **experto** en español?" Depende! Se você acha que **experto** é *esperto* em português, sinto muito, mas você não foi nada *esperto*!

Por outro lado, se você acha que é *perito* ou *expert*, aí sim, você mostrou que é um *experto* em espanhol, além de ser *esperto*!

FARO

Você tem *faro* para os negócios? Se tiver, é só em português, porque **faro** em espanhol significa *farol*. Isso mesmo, o olfato dos animais que se usa em sentido figurado como sinônimo de intuição ou perspicácia, em espanhol chama-se **olfato**, e se usa também com o sentido figurado, como em: **Los detectives tienen olfato para el crimen** ou **Los negociantes tienen olfato comercial.**

FECHAR

"**Fechar** la carta" em espanhol não é *fechar* a carta em português, mas sim *datar*, isto é, colocar uma data na carta. Para *fechar* alguma coisa em espanhol se usa **cerrar**.

FRENTE

"Arrugar la **frente**" não é "Enrugar a parte da frente", mas é quase isso! **Frente** em espanhol é *testa*, assim a expressão se refere a *franzir a testa*, isto é, contrair as sobrancelhas e a testa numa espécie de careta para expressar surpresa ou desagrado.

FUNDA

Funda é o termo usado para *fronha* ou para qualquer outra *capa* de material flexível (tecido, couro etc.) que se utiliza para guardar objetos: **la funda de la guitarra**/*a capa do violão*. Se a capa é feita de material rígido, o nome dado em espanhol é **estuche**/*estojo*.

INVERSIÓN

"Hacer una **inversión**" parece "fazer uma inversão", não parece? Mas não é. É fazer um *investimento*, utilizar um capital em uma empresa para obter lucros.

LARGO

"Un camino **largo**" é o contrário de "**Un camino estrecho**"? Não é, não! **Largo** é o termo usado para expressar comprimento e é sinônimo de *longo, comprido*, contrário de **corto** em espanhol. Assim, se uma pessoa tem o "cabelo longo", diz-se **tiene el pelo largo**.

Para dizer que algo é *largo*, em espanhol, utiliza-se **ancho**, esse sim é o contrário de **estrecho**.

LEYENDAS

¿Las películas del cine tienen **leyendas**? Às vezes, quando falam de fábulas, mitos, porque **leyendas** em espanhol são *lendas* em português. A tradução da fala das personagens que aparece em forma de letreiro sobreposto à imagem dos filmes no cinema se chama **subtítulos** em espanhol.

MERMELADA

Você sabe o que significa "En el desayuno siempre como pan con **mermelada**"? Por acaso seria *No café da manhã sempre como pão com marmelada*? Não, não.

Mermelada é a *geleia* (de morango, uva etc.), por isso se pode dizer **mermelada de frambuesa** ou **de fresa** e a *marmelada* é **carne** ou **dulce de membrillo** em espanhol. Agora sim, é *marmelada*!

NOVIO

¿Estás lista/o para tener **novio/a**? Calma, calma... Não estamos falando de casamento, só de *namorado/a*. Na verdade, esse termo pode ser usado para namorados e noivos, ou seja, para quem mantém relações amorosas com outra pessoa, seja com o objetivo de casar-se ou não.

OSO

Você tem **osos** no corpo? Não, você tem **huesos/**ossos, porque **oso** é *urso*.

PADRE

Na igreja, você assiste à missa proferida pelo **cura,** e não pelo **padre,** que é *pai* em espanhol.

PASTA

"A mi me gustan las **pastas**, ¿y a ti?" Mas não pense que eu como pastas de papel ou papelão, essas em espanhol se chamam **carpetas**. **Pasta** significa *massa,* que é feita com farinha e água, por exemplo: macarrão, nhoque, pizza...

Pasta também é o termo coloquial para designar *grana, dinheiro.*

PIPA

"Para la Navidad mi abuelo quiere que le regalen una **pipa** nueva". Se você pensa que meu avô voltou a ser criança, enganou-se! Na verdade, ele quer ganhar um *cachimbo* novo. *Pipa* (ou papagaio — aquele brinquedo infantil) em espanhol é **cometa**.

RATO

"Nos dio un mal **rato** en el viaje".

Se você leu rapidamente e imaginou que nós encontramos um rato muito mal durante a viagem, sinto muito, mas você imaginou errado. **Rato** em espanhol, além de significar o nome do animal, é um termo muito usado para expressar um *espaço de tempo muito curto*. A frase significa que passamos por um *momento* ruim durante a viagem. *Rato* e *ratazana* em espanhol é **ratón** e **rata**, respectivamente.

A propósito, **ratón** também é o termo usado para *mouse*, o dispositivo utilizado para deslocar o cursor na tela do computador.

Há varias expressões com esses termos em espanhol:

- **A ratos**
- *Às vezes; em uns momentos sim, outros não.*

- **A ratos perdidos**
- *Nas horas vagas; para matar o tempo.*

- **De a ratos**
- *De vez em quando (Argentina).*

- **Para rato**
- *Por muito tempo (Argentina).*

- **Rata de sacristia**
- *Beato; carola.*

- **Hacerse la rata**
- *Matar aula; cabular (Argentina).*

- **Ser más pobre que la rata**
- *Ser muito pobre (coloquial).*

79

SETA

Não vá pensar que **seta** em espanhol é uma espécie de flecha que indica alguma direção. **Seta** é a denominação, em linguagem popular, de qualquer espécie de fungo comestível que tem a forma de cogumelo. Isso mesmo, no outono e na primavera na Espanha é muito comum encontrar nos restaurantes cardápios que tenham esse ingrediente como componente dos pratos: **crema de setas, setas a la plancha, arroz con setas, pollo con setas al vino** etc. Para indicar a direção em espanhol se usam **flechas**.

EXQUISITO

Se você estiver em um jantar com muitos falantes de espanhol, não estranhe se ouvir a frase "Este vino es muy **exquisito**". Eles não estão dizendo que o vinho é *esquisito*, muito pelo contrário! Estão dizendo que é *refinado, elegante* ou *excelente*.

Esquisito em espanhol é **raro** ou **extraño**. Você achou *esquisito*?

EXTRAÑAR

"Ellos extrañan a sus amigos" não deve ser lido como *Eles se estranham com os amigos*, mas sim como *Eles sentem falta dos amigos*. **Extrañar a alguien** significa sentir falta de uma pessoa, pode-se dizer também **echar de menos** ou **añorar**.

TODAVÍA

Essa palavra também gera bastante confusão quando se traduz do espanhol para o português, uma vez que os sentidos nos dois idiomas são muito diferentes.

Todavía, em espanhol, é um advérbio, serve para expressar que até o momento atual ou até um momento específico continua acontecendo ou ainda não aconteceu alguma coisa. Sua tradução para o português é *ainda:***Todavía está de viaje**/*Ele ainda está viajando* ou **Cuando te conocí, todavía no tenías ese coche**/*Quando eu te conheci você ainda não tinha esse carro.*

Na língua portuguesa *todavía* é uma conjunção cujos sinônimos são: *mas, contudo, porém, no entanto, entretanto.*

TAPA

"A Juan y a Javier les gustan las **tapas**". Não vá pensar que Juan e Javier gostam de levar tapas! Não! Eles gostam de comer porções, aperitivos, como azeitonas, salame, lula, peixe frito etc.

A Espanha é um país muito conhecido pelas deliciosas **tapas**, uma espécie de petisco servido em porções pequenas para acompanhar as **cañas** (chopes) ou qualquer outra bebida alcoólica. Alguns bares ainda mantém a tradição de não cobrar pelas **tapas**. Se você quer dizer *tapa*, como sinônimo de *bofetada,* use **galleta** ou **puñetazo**.

CAPÍTULO 4

ESTÁ TUDO AZUL

O colorido da linguagem

Você já se deu conta de que as cores estão presentes em todos os lugares, até mesmo na sua fala cotidiana, no seu dia a dia, sem que você note ou perceba que as está usando? É isso mesmo! *Preto, branco, vermelho, verde, amarelo, azul, marrom, rosa, cinza* são algumas das cores mais empregadas na língua portuguesa do Brasil e no espanhol, além de variantes e nuanças tais como *roxo, laranja, alaranjado, rosado, avermelhado, celeste* etc. Elas servem para enfatizar algum estado de ânimo (como alegria, raiva, fome), bem como para exprimir aspectos culturalmente marcados em cada universo linguístico, como organizações e segmentos sóciopolíticos e distinções de raça. Vejamos alguns dos aspectos mais interessantes que selecionamos dessas nove cores e a sua realização linguística, a seguir.

Negro
Negro

No geral, quando se analisa esta cor, descobrimos uma incrível identidade semântica entre as culturas, pelo menos em português e espanhol. No entanto, os fatos históricos das culturas brasileira, espanhola e hispano-americana mostram um lado não isomorfo dessa cor, por exemplo, quando tomamos algumas culturas hispano-americanas e o sul da Espanha que utilizam o termo **negro** como uma forma de tratamento carinhosa entre namorados, irmãos, pais e filhos, marido e mulher; embora seja essa também a forma depreciativa de se chamar em espanhol a uma pessoa da raça negra. Talvez por alusão à escravidão, a expressão **trabajar como un negro** em espanhol refere-se ao trabalho que é realizado arduamente.

Nota-se a forte tendência negativa e a associação ao preconceito em relação às cores de saturação zero, ou melhor, nenhum grau de diluição com o branco. O *preto* é associado à escuridão, melancolia e tristeza, também ao que é falso, clandestino ou ilegal, como na expressão **dinero negro**. Também é chamado de **negro** em espanhol uma pessoa que trabalha no circuito literário em anonimato para proveito e benefício de terceiros, um *escritor fantasma*, por exemplo.

Já **estar negro** é sinônimo em espanhol de estar nervoso, irritado, do mesmo modo que **poner negro a alguien** é deixar alguém nervoso por algum motivo. **Ver algo negro** é considerar uma situação difícil de ser realizada, com pouca chance de acontecer, do mesmo modo, **verse negro** para fazer alguma coisa é encontrar muita dificuldade para realizá-la.

Para a expressão *romance policial* teríamos a tradução **novela negra,** e **cine negro** para *cinema noir*, no qual o jogo com o claro/escuro e com as sombras foi utilizado para explorar a psicologia obscura dos personagens.

Em português e em espanhol, preto refere-se tanto à ausência de luz quanto ao sujo, ao encardido. Em espanhol também se refere ao pessimismo e à falta de sorte, como nas expressões **suerte negra, negro porvenir, futuro negro**, e o *branco* é associado à presença da luz, à transparência, à bondade e à pureza. Branco e preto são considerados antônimos, assim como limpo e sujo.

No futebol, muitos times ganham apelidos que fazem referência à cor de suas camisas. Na Argentina, em função da vestimenta negra, comumente os padres são chamados de **cuervos**. O time San Lorenzo, que tem esse nome em sinal de agradecimento ao padre Lorenzo Massa, possui o apelido de **Los Cuervos**, uma relação indireta com a cor do traje negro sacerdotal. Porém, as cores oficiais desse time são o azul e o vermelho, daí o seu apelido também ser **azulgrana**, uma justaposição de **azul** e **granate**.

O brasileiro tem uma forte tendência a usar indistintamente as unidades lexicais *preto* e *negro* em todos os contextos, como em *as nuvens negras ou pretas anunciavam a tempestade* ou em *a criança estava com as mãos negras ou pretas*. O termo *negro* já traz consigo toda uma conotação negativa, melancólica, sinistra, e alude também ao luto e ao diabólico e maligno. Vejamos alguns exemplos:

Tener la negra
Ter azar
Ter ou passar por uma fase de má sorte.

Pasarlas negras
Passar apertado
Passar por uma situação difícil.

Garbanzo negro
Ovelha negra
    Pessoa que se diferencia das demais do seu grupo por seu mau comportamento ou baixeza de caráter.

Tabaco negro
Cigarro forte
    Tipo de tabaco de cor escura e muito forte.

Oro negro
Petróleo
    Óleo natural, de coloração escura, constituído quase que exclusivamente de hidrocarbonetos.

Mercado negro
Mercado negro
    Mercado de compra e venda ilegal de mercadorias

Blanco y negro ou en negro
Preto e branco
    Coloração de filmes e fotografias na qual são utilizadas somente as cores preta, branca e matizes de cinza.

Café negro
Café preto
    Diferentemente de **uno con leche/café con leche**, o **café negro/puro/solo** é o café sem leite, ou seja, puro.

Magia negra
Magia negra
    Ciência oculta com a qual se ambiciona produzir, por meio de atos e palavras e, por intervenção de espíritos, gênios e

demônios, implicações e fenômenos excepcionais que são contrários às leis naturais para fazer o mal. Feitiçaria.

Agujero negro
Buraco negro
De acordo com a teoria da relatividade, parte hipotética do espaço que absorve matéria e energia.

Negro de la uña
A menor coisa
Canto da unha escurecido pela sujeira acumulada sob ela. Por extensão, essa expressão é utilizada para indicar a parte mínima de alguma coisa. Exemplo: **No dar ni un negro de la uña**/*Não fazer nada/o mínimo*.

Lista negra
Lista negra
Lista de pessoas, empresas ou instituições boicotadas por um grupo, sociedade, país, por ações contrárias aos seus interesses.

Bandera negra
Bandeira negra
Emblema dos piratas e, depois, dos anarquistas.

Os verbos **denegrecer, denegrir, ennegrecer, negrecer, negreguear** e **negrear** fazem referência a tudo que vai se tornando escuro ou preto. **Negrestino, negruzco** e **negrizco** são formas usadas para expressar objetos com tonalidades próximas à negra.

87

Blanco
Branco

O *branco* é a cor que reflete todas as luzes do espectro e está repleto de referências positivas ou neutras, em espanhol e português. Pode sugerir "bondade" e "paz", além de ser usado também para sugerir "aparência doentia ou palidez por medo ou susto" de/em uma pessoa. Além disso, o *branco* também pode ser usado como coloração clara em contraposição a uma escura, como por exemplo, para frutas, pães e carnes, já que essa cor é empregada para definir coisas que, não sendo brancas, têm uma cor mais clara do que as outras da mesma espécie.

Blanco
Alvo

Qualquer objeto colocado a certa distância para exercitar a pontaria.

Dar en el blanco
Acertar o alvo

Além do sentido literal, a expressão possui sentido figurado quando indica qualquer tipo de acerto.

Ser el blanco de todas las miradas
Ser o centro das atenções

Indica que uma pessoa está sendo observada, analisada em seus gestos ou ações.

Dar carta blanca
Dar carta branca

Autorização concedida para que alguém realize um trabalho seguindo seus próprios critérios.

Magia blanca
Mágica
É o tipo de magia ou ilusionismo que provoca admiração.

Ajo blanco ou ajoblanco
Molho de alho
Molho feito com alho cru, pão, azeite, vinagre e outros condimentos.

Arma blanca
Arma branca
Armas com fio ou ponta, como a faca, a lança e a espada.

Verso blanco
Verso livre
Aquele que não tem rima.

Blanco como la cera/como el papel/como la pared
Branco como cera, como lençol
Expressa a cor da pele ou expressão de uma pessoa que levou um susto ou está mal de saúde e por isso não apresenta bom aspecto.

Corcho blanco
Isopor
Poliestireno.

Ladrón de guante blanco
Ladrão profissional
Utiliza-se para indicar um ladrão que realiza estratégias com cuidado e perícia, sem fazer uso

de violência para realizar o crime e, por extensão, a todas as atividades realizadas dessa forma.

Elefante blanco
Elefante branco

Indica alguma coisa que consome muito dinheiro ou muito trabalho, mas que não tem nenhuma utilidade.

Estar sin blanca
Estar sem dinheiro; Estar a zero

Expressão utilizada para expressar falta de dinheiro ou condições financeiras para realizar algo.

Estar en blanco
Estar por fora

Expressão usada para denotar que não se tem conhecimento de algum fato.

Noche en blanco
Noite em branco

Noite passada sem dormir.

Bandera Blanca
Bandeira branca

Pano branco que se hasteia ou acena em sinal de rendição ao inimigo, ou para indicar intenções pacíficas, ou de que se deseja cessar o combate, fazer uma trégua.

Rojiblanco
Torcedor do Clube Atlético de Madri

O termo **rojiblanco** é uma justaposição das palavras **rojo** e **blanco,** cores oficiais do time Atlético de Madri. O uniforme listrado nessas duas cores também rendeu ao time o apelido de **colchoneros,** por guardar semelhança com o tecido usado para forrar colchões na Espanha.

Blancuzco, blanquecino, blancazo, blanquizco e **blanquinoso** são adjetivos usados para qualificar a coloração próxima ao branco.

Rojo
Vermelho

O *vermelho* representa nas duas línguas o colorido da face, do viso de uma pessoa quando tomada por emoções como a vergonha, a raiva, o pudor, cujos sentimentos são assimilados à cor da pele do indivíduo provocados pelo afluxo do sangue. Além disso, essa cor também indica paixão, o fogo, o sangue, por isso é associada ao desejo, à guerra e ao perigo.

O falante de português comumente se confunde com a cor *vermelha* em espanhol, trocando-a pela *roxa,* em função da proximidade na forma escrita de ambas, o que configura o termo **rojo** como um falso cognato do espanhol. O *roxo* possui, em português, conotações de intensidade, excesso, ansiedade, desejo e interesses fortes. Em contrapartida, adquire significados de "muito difícil", "árduo", como registra Ferreira (2000) em *trabalho roxo*. Encontramos ainda *roxo-forte* no mesmo dicionário, significando a cachaça, forte bebida alcoólica, para a qual a cor roxa indica, provavelmente, a intensidade do teor alcoólico que possui, de fato, tal bebida.

Em espanhol, a cor *vermelha*, ou seja, **rojo,** possui uma forte conotação ligada a pessoas e ideias de esquerda, ou ditas revolucionárias, referindo-se, sobretudo às pessoas ligadas ao partido comunista. Durante a Guerra Civil Espanhola, o termo **rojo** era utilizado pejorativamente pelos nacionalistas para denominar os partidários da república, o que poderia ser traduzido para o português como *subversivo* ou *comunista*. O termo continuou sendo empregado na Espanha ao longo da história para designar os adversários do regime ditatorial fascista de Francisco Franco, instaurado a partir de 1939. Atualmente suas variantes **rojeras** e **rojillos** perderam o tom pejorativo e são utilizadas para designar as pessoas de esquerda. Também é a cor associada às touradas e às roupas das **bailaoras** de Flamenco espanholas e ao tango argentino.

É interessante notar que o espanhol registra, além da cor *amarela*, a *vermelha* para a ovo da galinha, enquanto o português registra somente a primeira variante cromática. Entretanto, em Moraes (1995) encontramos o sintagma *ovo vermelho,* que correspondente ao ovo caipira para a língua portuguesa.

O nome da nação brasileira, Brasil, como é sabido pela maioria das pessoas, provém da árvore pau-brasil, frequente e abundante na época de seu descobrimento e bastante cobiçada por comerciantes por causa do corante vermelho produzido a partir do seu caule. Tal árvore é conhecida também como *madeira vermelha*, hoje ameaçada de extinção. Os adjetivos **brasilado** e **abrasilado** em espanhol fazem referência a tudo que é vermelho, ou da cor da madeira do pau-brasil.

A análise de sintagmas ou expressões com **rojo/***vermelho* demonstra que as línguas espanhola e portuguesa possuem uma isomorfia cromática e morfológica acentuada em certas expressões. O *vermelho* em português tem ainda a conotação comunista da antiga U.R.S.S., o que se encontra especificado na expressão *exército vermelho/****ejército rojo***, o exército bolchevique durante a Guerra Civil Russa.

O **rojo** espanhol encontra-se ligado também à Festa de San Fermín, na cidade de Pamplona, na Espanha, por causa da cor vermelha dos lenços amarrados no pescoço e das faixas nas cinturas utilizados sobre as roupas brancas pelos participantes da festa.

Estar al rojo/al rojo vivo
Inflamado, excitado
Essa expressão retoma a ideia da chama da animação para se referir aos sentimentos que se apresentam inflamados ou de forma passional.

Alerta roja
Alerta vermelho
Refere-se a uma situação de máxima atenção e vigilância

Pelirrojo
Ruivo
Termo atribuído a cor do cabelo ou a pessoa que tem o cabelo ruivo.

Poner rojo a alguien
Deixar alguém envergonhado
Refere-se ao afluxo de sangue na face do indivíduo quando posto em situação de constrangimento.

Crónica roja
Imprensa marrom
É o termo utilizado no Chile, Colômbia, Costa Rica, Cuba, Equador, Espanha, México, Panamá, Uruguai e Venezuela para designar a imprensa sensacionalista que se vale de fatos e acontecimentos exagerados com o intuito de obter altos índices de audiência. Também se refere em alguns contextos

à exploração da violência nos meios de comunicação de massa, relacionando o sangue à cor vermelha.

Ser el farolillo rojo
Ser o lanterninha

Ficar em último lugar, ser o último a se classificar em uma competição.

Libro rojo/blanco
Livro branco/amarelo/azul

Relatório oficial que trata de questões governamentais, encadernado em branco, amarelo ou azul.

Ponerse rojo/ ponerse rojo como un tomate
Ficar vermelho como um pimentão, como um camarão

Significa ficar vermelho de vergonha, raiva.

Piel roja
Pele vermelha

Nome do indígena habitante da América do Norte.

En números rojos
Estar no vermelho

Faz referência ao saldo negativo de uma conta bancária ou da contabilidade de uma empresa. Por extensão, também é aplicado a uma pessoa que está com pouco dinheiro.

Tarjeta roja
Cartão vermelho

No futebol, cartão apresentado pelo árbitro ao jogador como sinal de expulsão.

Diablos rojos
Torcedor do Club Atlético Independiente (Argentina)

Tanto o time (**Diablo Rojo**) como os seus torcedores (**los diablos rojos**) recebem esse nome em função da cor vermelha do uniforme oficial do time. **Diablos rojos** também é o nome de um time da liga mexicana de beisebol.

Fiebre escarlata
Febre escarlate, escarlatina

Trata-se da denominação de uma doença infecciosa que atinge principalmente as crianças. Os sintomas se caracterizam por alterações na pele, como vermelhidão e coceira, daí a associação à cor vermelha.

Em espanhol há muitos termos que designam os matizes da cor vermelha: **aborrachado, bermejo, bermejón, bermellón, borgoña, carmesí, carmín, carminoso, cobrizo, colorado, choco, encarnado, encendido, encobrado, enrojecido, escarlata, grana, granate, paco** (na Argentina, Chile e Peru), **rojeto, rojizo, rosmarino, roso, rúbeo, rubicundo, rubro, rufo, sabino, sobermejo, taheño** e **tinto,** além dos verbos **colorear, enrojar, embermejar, embermejecer, enrojecer, ruborizar, rubificar, rojear** e **sonrojar,** que designam a passagem a esta tonalidade. Na Bolívia, no México e no Peru, o matiz de vermelho **granate** é conhecido como **guinda,** e em alguns países do Cone Sul (Argentina, Uruguai e Paraguai) é chamado de **bordó.**

Verde
Verde

Os universos culturais das línguas espanhola e portuguesa registram de um modo similar algumas características do *verde* como cor física: a natureza, predominantemente no seu período vegetativo, com as diversas variações de tonalidade que as folhas das árvores, os frutos, as plantas, em geral, podem oferecer, bem como o conjunto de jardins, parques ou qualquer território rico em vegetação existente em um centro urbano. E ainda, na simbologia da esperança e do repouso, do relax; a ideia de frescor, da fruta que ainda não está madura ou da madeira que não está seca, bem como da planta que há pouco foi cortada e que ainda tem a seiva e, consequentemente, os conceitos de juventude e robustez.

A cor verde foi eternizada em espanhol pelo célebre poema de García Lorca, em seu *Romancero Gitano*

Verde que te quiero verde.
Verde viento. Verdes ramas.
El barco sobre la mar
y el caballo en la montaña

As duas línguas registram, ainda, de modo análogo as preocupações ecológicas e ambientais como em: **El Partido verde**/O *Partido verde*, também conhecido como **Los Verdes,** bem como em quaisquer outras expressões que não estejam registradas em obras lexicográficas, mas que são criadas pelos seus falantes nesse sentido, como é o caso de *consciência verde* (um programa de conscientização ambiental para a preservação da natureza criado pelo Centro de Componentes Automotivos (CCA), em Piracicaba, Estado de São Paulo).

A língua espanhola associa a inveja, **estar verde de envidia,** com a cor **verde,** e, em seu aspecto positivo, a esperança. Na Antiguidade, a esperança era representada por uma mulher melancólica com vestimentas verdes. Na Idade Média, os autores das novelas de cavalaria diziam que os homens apaixonados ou solteiros deveriam portar uma fita verde, para indicar o comprometimento amoroso ou a esperança de encontrar o verdadeiro amor. De acordo com Vales (2001), a cor verde significou desde essa época o desejo de ver cumprida a esperança dos homens. As imagens com a Virgem da Esperança sempre são retratadas com um manto verde. Também o verde dos campos na primavera promete a esperança da abundância dos alimentos no verão.

Para a língua espanhola, o verde adquire um tom negativo nas expressões: **ser un viejo verde/una viuda verde,** referindo-se ao comportamento inadequado de pessoas mais velhas ou viúvas com relação ao sexo ou a relação amorosa impróprias para sua idade ou condição. Também a expressão **chiste verde** faz referência a qualquer classe de piadas ou histórias com conotação sexual e obscena. Em português, temos a cor *verde* representando o demônio em *capa-verde*.

Em português, podemos ter construções gramaticais com a cor *verde* que indiquem intensidade, ansiedade, saudade: *"Eu não disse? Nem bem voltou para casa e já está verde de saudades de mim"*.

A cor *verde* está presente na bandeira brasileira simbolizando a riqueza natural, a flora do país. De fato, a Amazônia, uma das maiores riquezas de vegetação do mundo, é chamada, em português, de *inferno verde*. Além disso, o *verde* é uma das cores nacionais do Brasil e, deste fato, temos *verde e amarelo* ou *verde-amarelo* representando a nacionalidade brasileira.

O verde também é a cor dos **Castellers de Vilafranca**, instituição cultural da Catalunha, na Espanha, que tem por objetivo fazer **castells** (castelos com torres humanas).

Darse un verde
Comer ou fazer alguma coisa em grande quantidade
    Essa expressão retoma a ideia do excesso associado ao prazer em realizar alguma coisa

    Ex. **Se dieron um verde de ver películas policíacas esta tarde.**

Están verdes
As uvas estavam verdes
    Essa expressão retoma a fábula da raposa e das uvas, na qual uma pessoa renuncia a alguma coisa por não poder obtê-la.

Poner verde a alguien
Fazer represálias
    Expressa a ideia de repreender duramente uma pessoa, insultando-a ou desacreditando-a.

Verde y con asas
Com todas as letras
    Expressão irônica com a qual se quer dizer que uma coisa está clara diante dos olhos de todos.

Billete verde
Dólar americano
    Expressão utilizada para designar a moeda dos Estados Unidos da América.

Carnero verde
Carneiro verde

Cozido feito com carne de carneiro, salsinha, fatias de toucinho e outros condimentos.

Chile verde
Pimenta verde

Variedade de pimenta mexicana de coloração verde escura.

Dar luz verde
Dar sinal verde

Acenar favoravelmente para a realização de alguma atividade, permitir que se faça algo.

El tapete verde
Mesa de jogo

Por extensão da coloração verde da toalha ou forro que geralmente cobre as mesas de jogos.

Libro verde
Livro verde

Livro ou caderno no qual se escrevem informações curiosas sobre países e pessoas e, sobretudo, sobre as características boas e ruins das linhagens.

Ser un perro verde
Ser uma pessoa estranha

Expressão qualificativa usada para expressar estranheza a certas pessoas, muito comum na frase "**Más raro que um perro verde**".

Por vida del chápiro verde...
Que droga!

Expressão com a qual se expressa desgosto ou nervosismo.

Salsa verde
Molho verde

Molho feito com salsinha picada utilizado como acompanhamento para peixes.

Seto verde
Cerca viva

Cerca que divide quintais ou jardins feita com árvores e arbustos.

Zona verde
Área verde

Área da cidade reservada para jardins ou parques.

Vino verde
Vinho verde

Tipo de vinho de mesa, tinto ou branco, produzido numa região específica de Portugal que provém de videiras que crescem apoiadas em árvores, ao contrário das de outras regiões. Caracteriza-se pela leveza, pelo teor médio de álcool e por certo sabor ácido que lhe imprime agradável frescor. É também chamado de *vinho verdasco*.

Trabajador de cuello verde
Profissional ligado ao meio ambiente

Trata-se da tradução literal da expressão inglesa **green collar worker** e se refere ao profissional que trabalha em setores meio ambientais da economia.

O dicionário da Real Academia Espanhola registra as contrações **verdemar, verdemontaña, verdescuro** e **verdinegro**, para os matizes dessa cor, além dos termos **verderón, verdoso, verdusco, verdete, verdino** e **verdinoso**.

Amarillo
Amarelo

A cor amarela, presente na bandeira do Brasil, é uma cor nacional. Representa a riqueza natural do país em minérios como o ouro e temos sintagmas como *verde-amarelo* representando a nacionalidade brasileira em construções do tipo: *Roma veste verde-amarelo no verão*; *coração verde-amarelo*; *nação verde-amarela*. Também é, juntamente com a vermelha, a cor da bandeira da Espanha e de outros países da América Latina como Bolívia, Colômbia, Equador e Venezuela.

O português registra locuções regionais interessantes com a cor amarela como: *ver-se nas amarelas*, isto é, encontrar-se em perigo, em dificuldade, sendo que o nome da cor deve estar no plural para que se obtenha essa semântica. A forma verbal *amarelar* também indica no português a perda da coragem diante de uma situação difícil. A expressão *estar amarelo de* traz à cor amarela a conotação de "estar cansado de fazer algo" dada a alta frequência com que os fatos se repetiram.

A identidade cromática ocorre principalmente na caracterização da cor amarela como cor física: **el amarillo del huevo**/o *amarelo do ovo*; na luz amarela dos semáforos em sinal de advertência, perigo; na identificação de povos de pele amarelada; nas cores da natureza e também como cor que indica falta de vida, de coloração do período vegetativo.

Nas duas línguas, o *amarelo* indica a palidez no rosto de um indivíduo causada por medo, susto ou doença. Vejamos outras ocorrências:

Amarillo
Japonês/chinês
    Refere-se aos indivíduos que têm por característica a pele amarela.

Amarillo
Funcionário do Ministério de Transportes
    Em Cuba, empregado do Ministério de Transporte encarregado de manter a ordem nas principais paradas das linhas de transporte público. Nesse país, o termo também é usado para se referir às pessoas covardes.

Peligro amarillo
Perigo amarelo
    Suposta ameaça representada pelos países asiáticos em função de seu crescimento demográfico.

Prensa amarilla
Imprensa marrom
    Imprensa cujas características são o sensacionalismo das notícias, achaque a personalidades, intriga e calúnia, sem comprometimento ético ou com a verdade.

Amarillismo
Sensacionalismo
    Uso excessivo de assuntos sensacionalistas na imprensa para causar impacto junto à opinião pública, sem preocupação com a verdade.

Ponerse amarillo/amarillear
Ficar amarelo/esmaecer

Perder a tonalidade natural da pele em função de susto, medo ou doença. O dicionário da Real Academia Espanhola também registra os verbos **amarillecer** e **enmarillecerse** e o substantivo **amarilleo** para expressar essa ação.

Más vale ponerse una vez colorado, que ciento amarillo
É melhor prevenir, do que remediar

Expressão cristalizada que aconselha enfrentar as situações, mesmo que sejam difíceis, para não sofrer com suas consequências futuramente.

Estar/ dejar/ ver en amarillentos aprietos
Ficar/Colocar em uma saia justa

Expressão utilizada no Chile e no Peru para designar uma situação embaraçosa ou difícil de ser contornada.

Azúcar amarillo
Açúcar mascavo

Açúcar de cana, não refinado, cuja coloração vai do amarelo queimado ao castanho, e que resulta de maior ou menor resíduo de melaço aderido aos cristais de sacarose; açúcar bruto. Em espanhol também são usados **azúcar moreno** ou **azúcar negro**.

Os seguintes termos também são usados para se referir aos matizes da coloração amarela: **amarillento, amarillejo, amarillez, amarillor, amarilloso, amarillura, almacigado, azufrado, calmocha, gualda, jalde o jaldre, mostaza** e **sépia**.

Azul
Azul

Segundo a tradição cristã, azul é a cor associada à pureza e à virgindade, por esta razão as representações da Virgem Maria são sempre sob um manto azul. Para os *mapuches*, povos indígenas do sul da Argentina e do Chile, o azul se relaciona com o espiritual e o sagrado. Já para os anglo-saxões, o azul é associado à tristeza e à melancolia, daí o nome do ritmo musical *blues*.

O dicionário de uso da língua espanhola María Moliner (2008) registra as seguintes expressões estrangeiras: **blues (canto popular negro americano, surgido en Estados Unidos a mediados del siglo xix, de ritmo lento y carácter melancólico), rhythm and blues (género musical afroamericano derivado del blues que utiliza ritmos propios del jazz), bluesman (músico de blues)** e **blue jeans (pantalones vaqueros)**.

A identidade entre as línguas portuguesa e espanhola prevalece, demonstrando haver uma identificação cultural cromática entre os dois universos na identificação da cor física: **azul marino**/*azul marino*, **algas azules**/ *algas azuis*; do céu como referente, representado pelo nome de cor sozinho ou acompanhado: **el azul**/*o azul*, **cielo azul**/*céu azul*; da nobreza representada pela cor azul: **tener la sangre azul**/*ter o sangue azul*.

A língua portuguesa associa ainda *azul* com o estado de embriaguez que uma pessoa pode adquirir. De fato, Ferreira (2000) registra *azul*, como sendo o embriagado. É interessante notar que a cachaça é chamada também de *azuladinha* ou *azulzinha*. Em Houaiss (2001), também encontramos a forma regional *azular* como sinônimo de fugir, escapar.

Um traço positivo na semântica de *azul* em português (não encontrado em espanhol) está presente em: *está tudo azul*, em que se exprime que está tudo muito bem, sem problemas.

Azul também é no espanhol peninsular o termo que se utiliza para designar pessoas ou ambientes relacionados com políticas conservadoras ou de direita. Neste caso, a cor se contrapõe ao vermelho **(rojo)** no âmbito das oposições políticas de direita e esquerda. O azul também representa vários partidos políticos de direita na América Latina, dentre eles: **Partido Conservador** (Colômbia), **Partido Acción Nacional** (México), **Democracia Cristiana** (Chile), além de ser a cor dos que se opõem ao governo do militar e político venezuelano Hugo Chávez. As exceções são os **Partidos Colorados** (Paraguai e Uruguai) que são conservadores e liberais, embora utilizem a cor vermelha. Vejamos ainda:

Banco azul
Banco azul

Assentos destinados aos ministros nas cortes espanholas.

Bandera azul
Bandeira azul

Bandeira asteada nos países da comunidade europeia como sinal de cumprimento a certos requisitos de qualidade.

Camisa azul
Camisa azul

Uniforme usado pelos membros da falange espanhola e, por extensão, nome dado aos membros desse partido.

Casco azul
Capacete azul
>Capacete azul utilizado pelos soldados da O.N.U. Por extensão, assim também são chamados os próprios soldados.

Lengua azul
Língua azul
>Doença das aves, principalmente do pombo, que se caracteriza pela cor azulada da língua e das mucosas bucais.

Poner a alguien de oro y azul
Pôr defeito
>Insultar uma pessoa, criticando-a ou censurando-a duramente.

Príncipe azul
Príncipe encantado
>Jovem belo, nobre, rico e valente, que se casa com a jovem pobre e sofredora de vários contos e histórias populares.

Queso azul
Queijo azul
>Nome dado a vários tipos de queijo, por exemplo, o *roquefort*, caracterizados por apresentar veios de coloração verde-azul decorrente da fermentação produzida por fungos.

Sangre azul
Sangue azul
>Termo atribuído a famílias de linhagem nobre.

Zona azul
Zona azul
Região de ruas em uma cidade nas quais é permitido estacionar os veículos durante determinado tempo, mediante pagamento.

Período azul
Período azul
Período da trajetória artística do pintor Pablo Picasso, compreendido entre 1901 a 1904, no qual ele pintou a solidão, a morte e o abandono.

Azulgrana
Time ou torcedor do Fútbol Club Barcelona
Trata-se da contração dos termos **azul** e **granate**, cores oficiais do time, também chamado de **blaugrana**.

Há também em espanhol os termos **azulado, azulenco, azulino, azuloso** e **azulón** para indicar objetos com matizes dessa cor.

Marrón, castaño, pardo
Marrom, castanho
Nos dicionários espanhóis, a definição de **marrón** é "**de color castaño, o de matices parecidos; color como el de la cáscara de la castaña o el del chocolate, y a las cosas que lo tienen.**" enquanto em português a definição de Houaiss (2001) para "marrom" é "a cor da casca da castanha". Já **castaño** é registrado nas duas línguas como "o que tem cabelo e olhos dessa cor". Como podemos constatar, essa equivalência parece ser pertinente para coisas e para partes relativas

ao corpo de pessoas escuras. Para **pardo** temos ainda os correspondentes *pardo* e *moreno* em português, designando alguém que tem cor escura, entre o branco e o negro.

A igualdade entre as duas línguas é total para os nomes de cor **marrón**/*marrom* e **castaño**/*castanho*, os quais designam, em sua maioria, cores de objetos concretos e algumas partes do corpo humano, como cabelos, olhos e barba. Vejamos ainda outras expressões com essas cores:

Comerse/tragarse el marrón
Engolir o sapo

Problema ou assunto que desagrada ou incomoda as pessoas. Ex. **Y no soy yo quien va a comerse el marrón**/*Eu é que não vou engolir esse sapo*.

Pasar una cosa de castaño oscuro
Passar do limite

Expressão utilizada em situações em que um fato ou uma pessoa tem comportamento abusivo ou começa a se mostrar insuportável.

Camisa parda
Camisa parda/camisa marrom/nazistas

Refere-se à camisa parda ou marrom utilizada pelos nazistas alemães. Por extensão, foram chamados assim também os membros do partido.

Gramática parda
Astúcia

Capacidade de enganar as pessoas ou de desempenhar ações com malícia, picardia.

De noche todos los gatos son pardos
À noite todos os gatos são pardos
> Provérbio que alude à possibilidade de engano ou confusão diante de coisas que se mostram obscuras ou não totalmente explícitas ao observador.

Oso pardo
Urso-pardo
> Urso de ampla distribuição (*Ursus arctos*), encontrado na Europa, Ásia, África e América do Norte; de coloração geralmente marrom-escura, podendo variar do creme até quase o negro. Também é chamado de urso-cinzento e urso-escuro.

Andar/Irse de picos pardos
Sair para passear/divertir-se
> Expressão com a qual se denota uma vida boemia, com noites de passeio.

Pardo
Pardo
> Animal feroz, leopardo.
>
> Para o termo que designa a coloração **parda** temos também registrados os matizes **amusco, musco, musgo, blavo, buriel, cabellado, cari, gilvo, leonado, pardisco** e **pardusco**.

Rosa
Rosa, cor-de-rosa

Para as possibilidades de representação da cor *rosa*, encontramos vários vocábulos nas duas línguas: **róseo** espanhol corresponde ao *róseo* português, **rosado** ao *rosado*, **rosa** ao *rosa*, **rosáceo** ao *rosáceo* respectivamente, **rosicler** ao *rosicler*, **rosillo** ao *rosilho*. Em português, temos ainda o *cor-de-rosa* que se permuta com o *rosa*, quando adjetivo, indiferentemente. Temos ainda a palavra **rosé** francesa dicionarizada em português (Houaiss, 2001), enquanto o espanhol não, sendo utilizada pelos falantes de português em algumas construções de origem francesa, tais como *vinho rosé* e *molho rosé*.

A isomorfia entre as duas línguas é total quando o *rosa* é empregado nas seguintes caracterizações: (i) em objetos, como **vestido de color rosa**/*vestido rosa/cor-de-rosa* ; (ii) no colorido da face e do rosto de seres humanos: **color rosa de la piel**/*viso rosado*; (iii) na simbologia da tranquilidade, da serenidade, da esperança, da prosperidade: **esperanza rosa**/*esperança rosa*, **sueño rosa**/*sonho róseo*, **porvenir de color rosa**/*futuro cor-de-rosa*. Nota-se, portanto, que o vocábulo *rosa*, tanto em espanhol quanto em português, colore, na maioria das vezes, objetos concretos, inclusive em **el rosa de las mejillas**/*o rosa das faces*.

Em algumas construções sintagmáticas, a língua espanhola se utiliza do vocábulo **rosa** para conotar a sensibilidade feminina bem como o seu romantismo excessivo na literatura, ao passo que a língua portuguesa os registra com a construção *água com açúcar*: **novela rosa**/ *romance água com açúcar*. E ainda temos:

Rosa del azafrán
Flor do açafrão

Flor da planta *Crocus sativus* da família das iridáceas, nativa da Europa e cultivada desde a Antiguidade para uso na culinária e na fabricação de bebidas e corantes.

Dessa flor se extrai o pistilo para produzir o **azafrán**, um condimento caro à culinária espanhola, pois com ele se prepara um de seus pratos mais típicos, a **paella**.

Rosa náutica/Rosa de los vientos
Rosa dos ventos

Gráfico circular tradicional mostrando as direções da esfera celeste: norte, sul, leste e oeste (os pontos cardeais); nordeste, sueste, sudoeste e noroeste (os pontos colaterais); nor-nordeste, és-nordeste, és-sueste, su-sueste, su-sudoeste, oés-sudoeste, oés-noroeste, nor-noroeste (as meias-partidas); e outros setores intermediários.

Ser/estar como una rosa
Bem estar

Aplicado às pessoas de aspecto saudável e agradável.

Estar/quedarse como las propias rosas
Estar satisfeito

Expressão que reflete o estado de satisfação de uma pessoa.

Período rosa
Período rosa

Período da trajetória artística do pintor Pablo Picasso, no qual ele enfatizou em sua obra tons pastéis e quentes e linhas suaves e delicadas.

No hay rosa sin espinas
Não há rosa sem espinhos
>Frase proverbial que reflete a ideia de que em todos os aspectos da vida há coisas boas e ao mesmo tempo ruins.

Salsa rosa
Molho rosa
>Maionese na qual se adiciona um pouco de tomate frito.

Diamante rosa
Diamante-rosa
>Aquele que é lapidado por cima em facetas e que revela, por baixo, uma superfície chata ou por talhar.

Revista rosa
Revista de fofocas
>Também chamada de **revista del corazón**, é aquela que trata da vida íntima e pessoal de pessoas famosas.

Bañarse en agua de rosas
Rir da desgraça alheia
>Alegrar-se com o infortúnio ou desventura alheia em função de ter obtido alguma vantagem com ela.

Gris
Cinza

Existe uma equivalência relativamente grande entre as cores **gris**, em espanhol, e a *cinza*, em português, esta última valendo-se de suas variantes *cinzento* e *acinzentado*, que perfazem os principais termos do campo **gris**/*cinza*.

Além disso, nas duas línguas, existem ainda as nuanças **ceniciento, cenizoso, grisáceo, gríseo, grisiento, grisoso, agrisado** em espanhol e *cinéreo, grisalho e gris* em português. Por possuírem identidades semânticas e etimológicas, tratamos essas cores como correspondentes tradutórias indiferentemente, dada a cristalização linguística ocorrida nos universos culturais dos dois países.

A homologia entre as duas línguas é total quando (i) trata-se de definir uma tonalidade: **boina gris**/*boina cinza*; (ii) quando se trata do embranquecimento de cabelos pretos ou castanhos: **pelo gris**/*cabelos acinzentados*; (iii) quando define alguma situação, vivência, ou estado de ânimo de uma pessoa como triste, sem entusiasmo, caracterizando a melancolia e a monotonia, tais como **humor gris**/*humor cinzento, triste*, **una vida gris**/*uma vida cinzenta, triste*; (iv) na representação do pó ou resíduos de uma combustão e por analogia, dos restos mortais de um indivíduo como **cenizas**/*cinzas*.

A dissimetria se concentra principalmente na cor *cinza* em espanhol representando o tempo, o céu quando está se preparando para chover. O português usa, geralmente, as definições de tempo fechado, nublado, nebuloso, carregado: **tiempo gris**/*tempo fechado*, **cielo gris**/*céu nebuloso*. O semblante aborrecido, tedioso, lânguido de uma pessoa é caracterizado pela cor *cinza* em espanhol, enquanto o português se utiliza de um adjetivo comum: **es una persona gris**/*é uma pessoa apagada*.

Na Espanha, a cor é associada à polícia do franquismo chamada de **los grises**, em função da cor de seus uniformes. Temos ainda, as conotações de humilhação e dor na cor cinza portuguesa em *as cinzas do arrependimento*. Vejamos outras ocorrências:

113

Ámbar gris
Âmbar-gris
Substância sólida de cor cinza, branca, amarela ou negra, odor almiscarado e consistência de cera, formada no intestino dos cachalotes e usado como fixador de perfumes.

Cerebro gris
Cabeça
Pessoa que planeja a execução de alguma coisa, sem aparecer como responsável direto da ação.

Eminencia gris
Eminência parda
Indivíduo com muita influência na vida política ou em outra atividade qualquer, mas que permanece anônimo, que não se mostra nem age claramente.

Materia gris
Massa cinzenta
Corresponde ao encéfalo, ou seja, a parte do sistema nervoso central contida na cavidade do crânio, e que abrange o cérebro, o cerebelo, pedúnculos, a protuberância e o bulbo raquiano. No sentido figurado, em português, quer dizer a inteligência, o cérebro de alguém.

Ainda que os dicionários não registrem, merece atenção especial o universo das cores representadas pela **Tauromaquia**. A arte de lutar com os touros traz um vocabulário específico, com gírias e expressões próprias, que dizem respeito tanto aos lances de cada **corrida,** movimentos e estratégias desenvolvidas pelos toureiros, como às especificidades do touro, sua pelagem, formato do chifre, seu comportamento.

As cores do traje dos toureiros nesse contexto recebem uma especial denominação e apresentamos agora uma listagem delas e suas respectivas utilizações no universo taurino que, com certeza, despertarão no leitor sensações variadas.

Para o **negro**/*negro* e seus matizes são empregados os termos **negro, plomo, luto** e **azabache**. Para o **rojo/** *vermelho* e o **rosa**/*rosa* e seus matizes são empregados os termos **grana, sangre toro, uva, vino de burdeos, grosella, fresa, frambuesa, salmón, butano, corinto, rioja, cardenal, obispo** e **carmesí**. Para o **verde**/*verde* e seus matizes são empregados os termos **oliva, turquesa, manzana, esperanza, botella, esmeralda, mar, bandera, campo, lago, pistacho, nilo** e **espuma de mar**. Para o **azul**/*azul* são empregados os termos **azul cielo, azul rey, azul purísima, azafata, azulina, cobalto, pavo, habana** e **mediterráneo**. Para o **marrón**/*marrom* e seus matizes são empregados os termos **tabaco, teja** e **canela**.[3]

Para o **gris**/*cinza* geralmente é empregado o termo **plata**, por serem prateados os adereços dessa cor. Da mesma forma são empregados adereços dourados, geralmente bordados realmente com fios de ouro, denominados **oro**. O **amarillo/** *amarelo* é uma cor desprestigiada no universo taurino por causa da superstição teatral que recaiu também sobre a **Tauromaquia**, porém são utilizadas tonalidades próximas como o **canario, crema, mostaza, vainilla** e **perla**.

Também faz parte da festa taurina que o presidente do espetáculo acene com lenços coloridos para organizar a apresentação, cada um com um significado diferente: **branco** (começo do espetáculo, mudança de fases, saída dos

---

3 http://www.telecinco.es/informativos/toros/noticia/100002303/El+vestido+ de+torear+puntadas+de+oro+jesulin

touros), **verde** (devolução do touro aos currais), **rojo** (indica par de *banderillas* negras para os touros mansos que não obedecem ao cavalo), **amarillo** (concessão de indulto ao touro) e **azul** (concessão de volta ao espetáculo ao touro).[4]

---

[4] http://www.scribd.com/doc/4249749/tauromaquia

CAPÍTULO 5

TÁ LIGADO?

A gíria dos jovens

Os jovens, por natureza, inovam, renovam, rebelam-se, são criativos e simpáticos.

Na sua linguagem, não poderia ser diferente! Vira e mexe, quando conversamos com eles, temos de perguntar: "o que você disse?" ou então "o que significa isso?" para certas palavras ou frases empregadas que nos são incompreensíveis. É a língua em perfeita mutação e evolução, como eles também são e estão.

Quem não acompanha as novidades do mundo jovem não é capaz de acompanhar a sua linguagem, como em: "Vi lá no teu *fotoblog* um monte de *posts* de meninos encantados por você. *Rola* muita história nascida ali?" ou "Nunca nasceu nem um *rolo* do *flog*? – Não, não... o pessoal da minha cidade tá começando com '*fotologuismo*' agora" (extraído da revista *Capricho*, edição nº 938, de 18 de abril de 2004, página 8). Para entender, se você não estiver por dentro da atração dos blogs na internet, dançou!

A palavra "gíria" deriva, muito provavelmente, do francês antigo *jargon* que significava "gorjeio dos pássaros" e, portanto, uma língua incompreensível (quem entende algo do "gorjear dos passarinhos" e, por extensão, do "chilrear das crianças"?). Desse modo, a gíria expressa uma variação de uma língua específica ou pessoal de um número muito restrito de pessoas, com fins crípticos, ou seja, secretos e ocultos.

Em espanhol os termos usados são **argot** ou **jerga,** definidos no dicionário da Real Academia Espanhola como "**lenguaje especial y familiar que usan entre sí los individuos de ciertas profesiones y oficios, como toreros, estudiantes etc**".

A linguagem da gíria juvenil possui como usuários quase sempre um grupo homogêneo de jovens que possuem uma mesma atividade de trabalho, ou de interesse, ou uma condição, como ir à escola, ir a mesma discoteca ou academia de ginástica, ao mesmo barzinho ou *balada*. Além disso, essa linguagem tem como propósito a autoafirmação do grupo que se delineia a partir dos jovens que fazem parte da *tribo*, isto é, se um jovem emprega aquela linguagem, pertence ao grupo, caso contrário, não. Entretanto, esse tipo de gíria apresenta um aspecto importante e peculiar que é a inconstância e a transitoriedade das palavras, dada, justamente, a "renovação" do grupo, que se modifica em continuidade, favorecendo, assim, o surgimento e restabelecimento de novos empregos lexicais.

Isso posto, é difícil falar somente de uma ou outra gíria dos jovens; ela se transforma dependendo da localidade do grupo e da sua diversificação, e fotografá-la é tarefa não menos árdua do que decifrá-la.

Na língua espanhola, detectamos essas mesmas características nas expressões utilizadas pelos jovens (**jerga juvenil**), que causam grandes dificuldades de comunicação para os menos preparados. Vejamos alguns exemplos:

No ambiente escolar, são muitas as gírias e abreviações de palavras. Vejamos algumas:

- **El cole**
- *o colégio*
- **El insti**
- *o instituto*
- **La uni**
- *a universidade*
- **La facul**
- *a faculdade*
- **El dire**
- *o diretor*
- **El profe**
- *o professor*
- **El colegui**
- *o colega*

O fim de semana é **el finde**, o filme é **la peli** (de **película**) e a expressão **se por acaso** (**por si acaso**) transformou-se na palavra **porsiaca**. Sair sem pagar a conta de algum lugar é **hacer conejo** (Colômbia), e **hacer un sinpa** (Espanha), algo que só acontece com pessoas **muy tranquis** (**tranquilas**).

Também a tristeza é chamada de **la depre**, uma abreviação de **la depresión** (usa-se **estoy con la depre** ou **tengo la depre**). É diferente de estar desanimado ou com o moral baixo, o que pode ser expresso por **estar de bajón**.

Quando não se vai à escola, ou se foge dela, em português dizemos que se está *matando aula*. Em espanhol isso pode ser dito de várias formas:

- **Hacer pellas**
- **Hacer novillos**
- **Hacer pira**

Outras expressões ligadas ao ambiente escolar são:

- **Chapar, romperse los codos, quemarse las pestañas**
- *Estudar muito*
- **Tener calabazas, catear**
- *Reprovar*
- **Chuleta**
- *Cola, respostas da prova*
- **Fusilar**
- *Copiar algo textualmente*
- **Tener un rosco**
- *Tirar zero na prova*
- **Quedarse en blanco**
- *Esquecer tudo, dar branco*

Como nada é *de graça*, **de regaliz, de gorra** ou **por la patilla** (no México: **a grapa**), todos têm que trabalhar. Também no ambiente de trabalho os jovens reinventam os termos para designar as atividades. Chamam o trabalho de **curro** ou **curre**, o trabalhador de **currante,** e se o trabalhador é da classe operária, é chamado de **currela**. Enviam **emilios**/*e-mails* e comem **bocatas**, uma variação de **bocadillo**/*sanduíche*. Na Argentina, para um trabalho não fixo ou pouco remunerado usa-se o termo **changa**.

Estar al loro/estar puesto en algo/estar enterado
Estar sabendo, estar ligado
São expressões usadas quando uma pessoa quer expressar que sabe de algum assunto ou informação. Contrariamente, se uma pessoa não sabe ou não entende alguma coisa, se diz que **no se entera (Joaquin no se entera de nada)** ou se usa a frase feita **Contreras, que no te enteras** (*você não se liga*). Aquela pessoa que presume saber muito mais do que realmente sabe é chamado de **enteradilla/o** ou **listilla/o,** é o famoso **sabelotodo**/*sabe-tudo* ou *sabichão*.

A *turma* é chamada de **pandilla, peña** ou **basca**. No Equador de **gallada** e no México de **palomilla**. E os *mauricinhos* e *patricinhas*, de **pijos** e **pijas,** respectivamente. Já uma reunião entre amigos é chamada de **quedada**.

Quando o assunto é a aparência física, existem várias formas para se referir à beleza, ou à falta dela. Para uma pessoa fisicamente atraente, pode-se dizer que **está como un queso, está como un tren/camión,** ou simplesmente, **está bueno/a**. Se é feia, **es un cardo, un carátula** ou **un escarabajo, monstruo, ogro.**

Na Argentina, a gíria usada para designar uma pessoa muito feia é **bagarto**. Outros dois termos muito usados, e não só pelos jovens, também nesse país são **boludo** e **pelotudo**. O primeiro pode tanto ter uma conotação negativa, como positiva.

Boludo pode ser usado de forma grosseira com o sentido de pessoa tonta, burra ou inútil, mas pode também ser um tratamento afetuoso entre pessoas de muita familiaridade. Há também a expressão **boludo alegre**, que embora se pareça ao *bobo alegre* do português, tem na língua espanhola um tom muito mais ofensivo. O verbo **boludear** pode ter vários significados diferentes:

- ¡Se pasa todo el tiempo boludeando en la calle!
- *Não fazer nada de útil.*
- ¡Boludeando de este modo no ganarás nada!
- *Dizer ou fazer bobagens.*
- **Me boludeó con todo tipo de palabra**
- **Zombar com alguém.**

O termo **boludez** significa uma ação ou dito que revela falta de inteligência ou seriedade:

- **El examen de geografía fue una boludez**
- *A prova de geografia foi muito tonta.*

Já o termo **pelotudo** possui acepções muito próximas ao **boludo**, mas é muito mais forte e não costuma ser usado como forma de tratamento afetuoso, restringindo seu uso somente para contextos de uso mais grosseiros.

Se o homem passa várias horas na academia e desenvolve sua musculatura, se diz que **está cachas** ou **petao (petado)**, *sarado*, e se isso é feito de modo um pouco exagerado diz-se em espanhol que **está macizo**, *bombado*, em português.

Se o sujeito se sente muito mais bonito que os demais, você pode dizer que é **un guaperas** e se é uma mulher, **una mica**.

Um relacionamento amoroso ou sexual ocasional ou que dura somente uma noite se chama **un rollete** ou **un rollo**, é o *ficar* do português. Mas se a pessoa se apaixona pela outra, então se diz que **está quedado con alguien** ou **está colgado por alguien**, por exemplo: **Pedro está colgado por Amanda**/O *Pedro está apaixonado pela Amanda.*

Já quando uma pessoa não tem sorte em suas relações afetivas, se usa a expressão **no pillar** ou **no coscarse**. Uma variante um pouco mais antiga dessas expressões é **no comerse un rosco**, isto é, *não pegar nem gripe*. Com o mesmo sentido de fracasso das relações amorosas, pode-se dizer **no comerse un colín**. **Colín** é um doce crocante muito apreciado pelas crianças.

Os jovens têm muita disposição e costumam arriscar-se mais nas relações sentimentais. Quando um garoto tenta conquistar uma garota, ou vice-versa, fazendo promessas de amor para tentar atrair a pessoa em questão, em português dizemos que está *passando um xaveco* ou *arrastando a asa para o lado de alguém*, e em espanhol **tirando los tejos** ou **tirando los trastos**. Na Argentina há também a expressão **arrastrar el ala** usada como sinônimo de *fazer a corte* ou insinuar-se de forma sexual para alguém. Quando uma pessoa executa esse ato de forma insistente, principalmente se for homem, é chamado de **baboso**.

Para as coisas mais simples e cotidianas, os jovens atribuem uma gíria para se diferenciar:

- **Loro**
- *Rádio*

- **Pasta, pelas**
- *Dinheiro*

- **Tocata**
- *Aparelho de som*

- **Gasota**
- *Gasolina*

- **Ordenata, cabezón, enano ou chino**
- *Computador*

- **Tocho**
- *Livro muito grosso*

- **Trola**
- *Mentira*

- **Vacilón**
- *Pessoa engraçada*

E também para os estados de ânimo há expressões específicas:

Estar amuermado
Estar/ficar mal
    É usada para se referir a uma pessoa que está chateada, desanimada.

Estar derrotado ou hecho polvo
Estar acabado/só o pó
    Emprega-se quando uma pessoa trabalhou muito ou praticou muito esporte e, por esta razão, está cansada fisicamente.

Estar desconectado
Estar desligado/ perder o contato
    É usado para as situações em que os jovens mudam de tribo ou "perdem o contato" com as outras pessoas da turma.

Estar sopa/estar zombi
Estar dormindo em pé/ estar pregado
    Esta expressão é usada nos momentos em que se tem muito sono, mas não está deitado na cama, e sim nos casos em que uma pessoa precisa se manter acordada, como na sala de aula, por exemplo.

Ir pillado de tiempo
Não ter tempo para nada
> Embora para muitos jovens o estudo seja a única ocupação, muitas vezes todo o seu tempo é tomado pelos "afazeres diários" e eles acabam se atrasando ou ficando *sem tempo pra nada*. Esse é o significado dessa expressão, porém há muitas outras com o verbo **pillar** que possuem significados variados. **Estar pillado**, por exemplo, é ter problemas ou estar em uma situação delicada e **pillar a alguien** é descobrir as intenções de uma pessoa, geralmente para surpreendê-la em alguma situação comprometedora, como o roubo ou a traição.

Estar pegado
Não saber nada da matéria
> Geralmente é usada por estudantes para dizer que não estão preparados para uma prova ou exame e significa não *saber nada da matéria*. Também são usadas as expressões **no tener (ni) zorra idea** ou **no tener (ni) puta idea**, para expressar total desconhecimento de um assunto. No português: *não saber porra nenhuma!*

Tener una pera mental/un cacao mental/una empanada mental
Estar bloqueado
> Não conseguir resolver um problema por estar confuso ou sem imaginação. Também pode-se dizer **estar emapanao (empanado)**.

Quando uma coisa é *legal*, pode-se dizer que **rompe con la pana** ou **parte la pana**, isto é, uma coisa surpreendente, boa, divertida e muito diferente. Também são usados os termos **fuerte** ou **brutal**, com o mesmo sentido. Para pessoas legais pode-se dizer que **es un tío legal** ou **una tía legal**. No México se diz **padre** ou **a toda madre** para as coisas legais: **La fiesta está padre**/*A festa está ótima* ou **Lo pasé a toda madre**/*Eu me diverti muito*. Na Argentina se usa o termo **amiguero** para as pessoas que têm muitos amigos ou que fazem amizade facilmente, como *gente boa*, no português.

Se algo for muito bom, pode-se usar como intensificador o termo **mogollón**, como sinônimo de **mucho**/*muito*: **Me gustó la película mogollón** (México: **a morir**). Com a preposição **de**, **de mogollón**, significa *de graça, gratuitamente*. Já quando livros ou filmes são maçantes ou cansativos pode-se dizer que são **un ladrillo** ou **un rollo macabeo**, *uma chatice* ou *um saco*.

Outras expressões juvenis são:

La cagaste, Burt Lancaster
Que cagada, Burt Lancaster

A tradução literal dessa expressão não é esclarecedora, uma vez que o nome do ator mencionado, Burt Lancaster, é utilizado somente para rimar com a primeira parte, na pronúcia espanhola. No português seria algo como *Agora fodeu, Eliseu*. Utiliza-se essa expressão para lamentar os erros ou a falta de sorte de outra pessoa. Também pode ser utilizada a expressão **vaya una cagada**/*que cagada!* ou somente o verbo cagar com essa mesma conotação.

Ser una María
Ser uma Amélia

O nome próprio Maria é conhecido para designar as mulheres que só se dedicam ao trabalho doméstico, isto é, as donas de casa. No português são conhecidas por *Amélias*. De acordo com Vales (2001) a origem desse nome é Maruja, daí existir no espanhol o verbo **marujear** com o sentido de *fofocar* e o termo **marujeo** para designar o fato de falar sobre a vida alheia.

Dar la brasa
Dar/levar uma bronca

É o mesmo que levar uma repreensão. Essa expressão é muito utilizada pelos jovens para se referirem aos pais, uma vez que são eles que repreendem suas atitudes irresponsáveis. Há outras sinônimas também usadas pelos jovens: **dar la charla**, *passar/levar um sermão*, e **montar la bulla**, *armar um circo*.

Irse a la piltra
Ir deitar/dormir

Piltra é o termo usado informalmente para designar cama. Na gíria, essa expressão significar *ir dormir*. Há também uma variante: **meterse en el sobre**. **Sobre** é envelope em espanhol. Sua tradução literal seria *enfiar-se no envelope*, mas, no sentido figurado, seria o mesmo que dizer em português *ir para Lençóis*. Para os dias de muita preguiça há também **hacer** ou **practicar el tumbing,** que significa ficar deitado na cama ou no sofá sem fazer nada durante muito tempo. O **tumbing** da expressão sugere uma aproximação do verbo espanhol **tumbarse**/*deitar*, com os nomes de atividades esportivas em inglês, como "jogging" ou "swimming", por exemplo.

El body
o corpo

Os jovens emprestaram do inglês esse termo que se refere ao *corpo*. É comum da linguagem juvenil modificar os termos para se referir às partes do corpo também:

- **El coco**
- *A cabeça*
- **La visual**
- *Os olhos*

- **La napia**
- *O nariz*

- **El careto/el morro**
- *O rosto*

- **Los piños**
- *Os dentes*

- **Las antenas**
- *As orelhas*

- **Las gambas**
- *As pernas*

E, por extensão, constroem expressões com elas:

Ser un coco
Ser o cabeça

É uma expressão utilizada em sentido positivo e afetuoso que evidencia a admiração por uma pessoa que tem muito talento para realizar determinada atividade. Se uma pessoa é muito inteligente e desempenha bem o que se propõe a fazer também é chamada de **máquina**, no português seria como *o cara é fera*. Com sentido negativo, quando se perde muito tempo estudando e a pessoa é conhecida por esse fato, e não por se sair tão bem nos exames, a pessoa é chamada de **empollón/a**, o que no português chamamos de *caxias*.

Tener mucho morro
Ser muito atirado

Ser cara de pau, não ter vergonha de fazer coisas que possam ser censuráveis.

Estar con la antena puesta
Ficar com o ouvido/a orelha em pé

Tentar ouvir uma conversa alheia por curiosidade.

Meter la gamba
Dar um fora

A expressão **meter la pata**, cometer um erro, um equívoco por falar demais ou fazer coisas que não deveria, transformou-se na linguagem juvenil em **meter la gamba**.

A gamba
Na bota

Expressão usada na Argentina como sinônimo de *ir a pé*. No português há várias gírias e expressões com esse sentido: *ir de pé dois, no boots, na bota*, etc.

O bar é um elemento muito importante na cultura hispânica e os jovens também compartilham desse tipo de diversão, por isso há várias expressões para se referir a esse hábito:

Darse un rulo
Dar um rolé

Significa dar um passeio, ir a um bar, uma boate ou simplesmente se reunir com os amigos. Também pode-se dizer **darse un pirulo**/*dar uma volta*.

Estar de vacile
Curtir

Literalmente, **vacilar** significa duvidar, ter insegurança. No âmbito juvenil essa expressão é usada como sinônimo de divertir-se, passar um tempo agradável com amigos em casa ou nos bares.

Ir de baretos
Ir nuns botecos/bares

Bareto é um termo para designar um bar de baixa qualidade, um *boteco*. Também são usadas as expressões **ir de fiestuki, ir de tapas** ou **ir de vinos**, sair para **tomar unos chismes** ou **tomar unos cacharros**, para designar o fato de sair de bar em bar e se embebedar.

Ser un esponja
Ser uma esponja

Como em português, *ser uma esponja* é sinônimo de ser uma pessoa que bebe muito.

Também as bebidas alcoólicas ganham nomes específicos e variados. Qualquer bebida é chamada genericamente de **priva**. Para a cerveja, **cerveza** em espanhol, temos **birra**, palavra de origem italiana, o que no português pode-se dizer *breja*. Nos bares pede-se por **una caña** (um copo de cerveja ou chopp), **una clara** (copo de cerveja com **gaseosa**, bebida efervescente com sabor doce suave), **un zurito** (copo pequeno) ou **un tubo** (copo comprido).

Alguns bares, sobretudo em ambientes estudantis, servem em copo de plástico de meio litro que recebe o nome de **tanque**. A cerveja grande de um litro também é chamada de **litrona**. Nos bares espanhóis é comum servir vinho misturado com outras bebidas, como é o caso do **calimocho** (vinho misturado com coca-cola).

Dividir a conta do bar na hora de pagar, *rachar*, como dizemos em português, chama-se, na Espanha, **pagar a pachas** e na Colômbia, **hacer vaca**, o nosso típico *fazer uma vaquinha*. Na Argentina se usa a expressão **salir de gira**, quando se sai para beber e **hacer un preboliche,** quando se faz uma reunião em casa com o mesmo objetivo.

Aguafiestas é aquela pessoa que perturba ou estraga qualquer diversão e impede que os demais desfrutem da festa, como o *desmancha-prazeres,* em português. É um termo composto, no qual a base do significado da expressão está no verbo **aguar** que significa frustrar ou interromper uma situação festiva.

No Peru, para se referir ao estado de embriaguez, são usadas as expressões **estar bomba** ou **estar choborra**. A cerveja recebe os nomes de **chela** ou **chilindrina**, e para *embebedar-se* se usa o verbo **chelear.** A mesa do bar é chamada pelos jovens de **mesopotamia** e o garçom de **mosaico**, pela aproximação sonora com os termos **mesa** e **mozo**, que designam *mesa* e *garçom* nesse país.

131

CAPÍTULO 6

DANOU-SE!

Palavrinhas ou palavrões?

Segundo Millôr Fernandes:

O nível de estresse de uma pessoa é inversamente proporcional à quantidade de *foda-se! que ela fala.* Existe algo mais libertário do que o conceito do *foda-se!*? *O foda-se!* aumenta minha autoestima, me torna uma pessoa melhor. Reorganiza as coisas. Me liberta. Não quer sair comigo? Então *foda-se!* Vai querer decidir essa merda sozinho(a) mesmo? Então *foda-se!* O direito ao *foda-se!* deveria estar assegurado na Constituição Federal.

Se pararmos para pensar quantas vezes falamos um palavrão por dia (dependendo do dia!), perderemos a conta! Os palavrões não surgem impensadamente. Ao contrário, eles nascem como recursos linguísticos altamente criativos e legítimos para que possamos "abastecer" o nosso vocabulário diário com frases ou palavras que sejam capazes de traduzir os nossos mais intensos e profundos sentimentos, em determinada circunstância, em determinado momento.

Muitas vezes o vocabulário obsceno é confundido com a gíria, mas são dois tipos de expressão diferentes, e, por isso, devem ser entendidos separadamente. A gíria tem como função a defesa e a preservação de determinada classe; dessa forma, os grupos criam novos significados, ou deformam o usual, marcando assim seu conflito com a sociedade. Muitas vezes, entretanto, são utilizados termos obscenos na gíria, que é uma forma mais intensa de demonstrar a insatisfação social.

O vocabulário obsceno está relacionado, frequentemente, às classes mais baixas da sociedade, mas quando é usado com função injuriosa perde essa relação, pois se torna uma expressão muito mais sentimental do que apenas comunicativa.

Quando começamos a estudar uma língua estrangeira, temos curiosidade em saber, justamente, como se diz na língua espanhola, as famosas "palavras proibidas" ou tabus linguísticos, tais como: "filho da puta", "vai tomar no cu" ou então as partes pudendas do homem e da mulher etc., mas nem sempre temos coragem de perguntar ao nosso professor. Oferecemos os nomes empregados em espanhol e, em seguida, traduzimo-los para que você possa saber exatamente o seu significado em português. Dê só uma olhada:

- ¡ **Joder!**
- *Porra! Saco! Droga! Puta que pariu!*

Literalmente, o significado desse verbo remete ao ato sexual, porém o uso fez com que o termo perdesse a conotação literal e fosse pronunciado atualmente não só por jovens, como também por adultos e crianças, para expressar desagrado ou irritação com coisas que não têm nenhuma relação com o sexo. Assim, se o radio não funciona, pode-se dizer **¡me jode mucho este aparato!** ou, ainda, se alguém te deixa muito nervoso: **¡no me jodas!**

Algumas pessoas, por educação ou excesso de pudor, preferem usar eufemismos e, em vez de **¡Joder!**, dizem **¡Jolín!** ou **¡Jolines!**, como *putz*, no lugar de *puta que pariu!*

A forma no particípio **jodido/a** é usada para pessoas que se encontram mal física ou psiquicamente, para partes do corpo que sofreram alguma lesão ou para objetos quebrados:

- **Juan está jodido con la gripe que tiene.**
- *Juan está muito mal da gripe.*
- **Tiene la espalda jodida.**
- *Está com problemas nas costas.*
- **Mi hermana ha jodido la radio.**
- *Minha irmã quebrou o rádio.*

Outras formas vulgares semelhantes são: **hacer la puñeta** e **putear**. São sinônimas, poderiam ser traduzidas como *"encher o saco"*, e indicam desagrado com relação a pessoas ou coisas, como nos exemplos:

- **Mi suegra me hace la puñeta con lo de tener hijos**
- *Minha sogra me enche o saco com esse papo de ter filho.*

- **Mi hijo me putea con lo de comprar un coche nuevo.**
- *Meu filho me enche o saco para comprar um carro novo.*

Também a expressão **dar por el culo** pode ter o mesmo sentido de *encher o saco* em alguns contextos, como em:

¡Esta clase me da por el culo!
Essa aula tá um saco!

Ou significar *vai tomar no cu*, simplesmente, como em:

135

- **¡Qué le den por el culo!**
- *Ele que vá tomar no cu.*

Também é chamado de **puñetero** alguém muito detalhista, que se apega a coisas insignificantes. Mas, cuidado! Na América os termos **puñetero** e **puñeta** referem-se exclusivamente ao ato da masturbação e não são usados com a mesma frequência que na Espanha.

Do mesmo modo, o termo **concha** que, na Espanha, é usado como apelido do nome próprio Concepción, no México, Argentina, Paraguai, Peru e Porto Rico refere-se ao órgão sexual feminino e é muito usado na expressão de insulto **¡Concha (de) tu madre!** ou **¡La concha de tu hermana!** Ambos são uma espécie de *filho da puta!* ou, simplesmente, *caralho!*

Além desses usos, a expressão **hacer la concha/mierda** também é usada na Argentina em situações em que alguém estraga alguma coisa ou causa algum tipo de dano físico ou moral a alguém. Já **conchudo** é usado para insultar uma pessoa que se comporta mal e prejudica os demais. A expressão **queda en la concha de la lora** também é muito utilizada e significa *"Fica na casa do caralho"*, para indicar um local muito afastado e de difícil acesso.

Deve-se usar com cuidado o verbo **coger** que, na Espanha, é usado como *pegar,* e na Argentina, Cuba, Bolívia, México, Paraguai e Uruguai é sinônimo de realizar o ato sexual.

O termo vagina tem muitas variações nos diferentes países da América: **papaya** (Cuba), **cachimba** (México), **papo** (Venezuela e Honduras).

Na Espanha, a gíria que define o órgão sexual feminino, **coño**, e seu derivado, **coñazo**, são usados no sentido negativo, para designar algo chato ou ruim, sendo o segundo também atribuído a pessoas.

- **¡Coño!**
- *Buceta! Merda! Caralho!*

E ainda em frases como:

- **¿Qué coño estás haciendo?**
- *Que porra você está fazendo?*
- **¡Este libro es un coñazo!**
- *Esse livro é uma merda!*

Ou expressões do tipo:

- **En el quinto coño**
- *Na puta que o pariu*

Vagina
Vagina

E ainda:

- **El coño**
- *A buceta*

- **El chicha**
- *A carne*

- **El conejo**
- *O coelho*

- **El felpudo**
- *O capacho*

- **El chumino**
- *A blusa*

- **El potorro**
- *O saleiro*

- **La chocha, el chocho**
- *A xoxota*

Já o adjetivo **cojonudo,** derivado de **cojones** (*testículos* ou *colhões*), perdeu um pouco a conotação sexual e é utilizado com sentido positivo quando uma coisa é muito legal. Talvez isso justifique o fato de que muitas vezes ele seja traduzido por "demais" ou "legal" e não por "de foder".

Testículos
Testículos

E o que mais?

- **Los cataplines**
- *Os testículos*

- **Las narices**
- *As narinas*

- **Las pelotas**
- *As bolas*

- **Los cojones**
- *Os colhões*

- **Los huevos**
- *Os ovos*

Também se pode dizer diretamente:

¡Qué te jodan! ou ¡Qué te follen!
Foda-se!

- nalgas
- *nádegas.*

E o que mais?

- El caca
- *A porcaria*

- El canco (Bolívia)
- *A bundona*

- El culo, el culito
- *A bundinha*

- El fondillo
- *O cu da calça*

- El pandero
- *O pandeiro*

- El pompas (México)
- *A bolha*

- El poto (Peru)
- *O bumbum*

- El rabel
- *Derivação de rabo*

- El rulé (*do francês* "roule")
- *A bunda*

- **El salvohonor**
- *A honra salva*

- **El tabalario (de tabal)**
- *O barril*

- **El tafanario (de antifonario)**
- *O traseiro*

- **El trascorral**
- *Atrás do curral*

- **El trasero**
- *O traseiro*

- **El traspontín ou traspuntín**
- *A bunda*

- **La cacha**
- *A bainha*

- **La petaca (México)**
- *A caixa*

- **Las posas, las posaderas**
- *O depósito*

- **Salva sea la parte (eufemismo)**
- *Salva seja essa parte*

- **Donde la espalda pierde su honesto nombre**
- *Onde as costas perdem seu honesto nome*

Senos
Seios

E mais o quê?

- **El cántaro**
- *A fonte*
- **Las domingas**
- *Os peitos*
- **La jarra**
- *A jarra*
- **La pera**
- *A pera*
- **El melón**
- *o melão*
- **La teta**
- *A teta*
- **La delantera**
- *A parte da frente*

O termo **¡cabrón!** é utilizado tanto na Espanha como na Hispanoamérica e designa o homem que consente o adultério de sua esposa, também pode-se dizer **cornudo**. Como insulto, refere-se a uma pessoa indesejável ou mal intencionada, que faz **cabronadas** (*sacanagens*). São sinônimos de **cabrón** os termos **cabronazo** e **cabroncete**. Em português diríamos *corno manso*, mas também é usado diretamente, de forma ofensiva, como equivalente a *filho da puta!*

O termo **pendejo** *(pentelho)* também possui sentidos muito diferentes: no Chile e na Argentina é usado no sentido negativo para referir-se a pessoas imaturas, no Equador para pessoas tímidas, na Costa

Rica para designar pessoa burra ou sem habilidades, em Porto Rico é uma forma agressiva que se aproxima a **¡cabrón!** No Peru refere-se à mulher infiel e na Bolívia é usado para referir-se aos conquistadores, que na Espanha se denominam **ligones**.

Outro modo de dizer que algo é muito bom de forma vulgar é usar a expressão **ser la polla con cebolla**. Mais uma vez o órgão genital masculino (**polla**/*pinto*) é usado para designar algo positivo, o que contribui para fortalecer o estereótipo de que a cultura espanhola é machista.

Pene
Pênis

E ainda:

- **El carajo**
- *O caralho*

- **El pene**
- *O pênis*

- **El cipote**
- *Pessoa pequena e gorda*

- **El miembro**
- *O membro*

- **El nabo**
- *O nabo*

- **El órgano**
- *O órgão*

- **El pájaro, el pajarito**
- *O pássaro*
- **El paquete**
- *O pacote*
- **El pito (infantil)**
- *O pipi*
- **El rabo, la cola**
- *O rabo*
- **La picha, el pijo**
- *A pica*
- **La pilila**
- *Roupa muito usada, farrapo*
- **La polla**
- *O pinto*
- **La verga**
- *A vara*

Esses termos são usados de diferentes formas geralmente para expressar aborrecimento, nervosismo ou, no mínimo, um comentário picante:

- **¡Me importa um carajo!**
- *Eu não dou a mínima/Estou pouco me fodendo*
- **Son tantas calles que se me hace la picha un lío**
- *São tantas ruas que a gente faz uma confusão do caralho!*
- **Desde su ventana no se oye un pijo**
- *Da sua janela não dá para ouvir porra nenhuma*

- **Con ese pantalón tan ceñido
  va marcando paquete**
- *Essa calça justa fica marcando o pinto.*

No entanto, o termo **gilipollas**, formado por **gili** (*bobo*) e **polla** (*pênis*), significa que alguém é um idiota ou que faz coisas tolas ou sem sentido (**gilipolleces**). Outra variação é o termo **gilipuertas**. Veja a expressão:

- **Lo que me dices no tiene sentido,
  me parece una gilipollez**
- *idiotice*

Já no México, para o *idiota* se usa **¡buey!** (pronuncia-se ¡güey!).

É sempre bom lembrar que todos esses usos na língua espanhola são considerados vulgares e não devem ser empregados em qualquer contexto de fala. Veja que no português existem também as variantes chulas e vulgares, tais como, *caralho* ou *cacete*; entretanto, elas podem ser substituídas por formas menos marcadas e amenizantes, tais como: *caramba, puxa vida, nossa*, dependendo da frase e de cada contexto.

Nem sempre usamos um palavrão para ofender uma pessoa. De um modo geral, o ser humano não é muito tolerante com os demais e costuma criticar tanto as falhas de caráter, como os aspectos físicos. Em espanhol, uma pessoa muito feia **es un aborto** ou um **cardo**, se é horrível um **cardo borriquero**, se é baixa e gorda **un botijo,** só gorda **una ballena, una foca, una morsa** ou **un zepelín**, se tem o nariz grande **narizotas**, bem como as orelhas grandes **orejotas**. Para se referir ao corpo sem cintura e que não é atrativo fisicamente usa-se **amorfo.**

Além do excesso, também se critica a falta, portanto, se o indivíduo é muito magro **un enclenque, un saco de huesos** ou **está en el**

chasis, o careca é **bola de billar** ou **calvorota,** com a pele muito clara é **desteñido** ou **vampiro** e com muitas espinhas na pele **una paella valenciana.** Quando alguém fala alto, sem perceber que chama a atenção dos demais, diz-se que **es una verdulera,** comparando a pessoa aos feirantes que gritam para anunciar os produtos que são vendidos em uma feira. Todas essas formas, embora não sejam palavrões, são muito ofensivas e, em muitos casos, excessivamente preconceituosas.

Sexo y homosexualidad
Sexo e homossexualidade

O sexo ainda é um tabu e a homossexualidade, seja ela feminina ou masculina, é uma grande fonte de preconceitos em qualquer cultura. Na espanhola e na hispano-americana não poderia ser diferente. Existe uma infinidade de termos para referir-se às preferências sexuais alheias.

Para designar o ato sexual, *transar* ou *foder,* em português, os termos mais comuns são **follar** e também **coger** em muitos países da América, e existem muitos eufemismos como **hacer foqui foqui.** Em português, abundam eufemismos em diferentes regiões do país: *batecoxa, bimbada, bate-saco, chamar na chincha, lenhada, tabacada, trancada,* dentre outros. Vejamos alguns outras expressões em espanhol: :

- **Echar un polvo**
- *Tirar o pó*

- **Echar un palo**
- *Meter o pau*

145

- **Cepillarse**
- *Escovar-se*

- **Beneficiarse**
- *Tirar proveito*

- **Darse un revolcón**
- *Dar um amasso*

- **Encamarse**
- *Meter-se na cama*

- **Tirar de beta**
- *Meter o cabo*

- **Esquiar**
- *Deslizar*

- **Mojar el biscocho**
- *Molar o biscoito*

- **Echar un Feliciano**
- *Dar um Feliciano*

- **Echar un caliqueño**
- *Dar uma metida*

- **Echar un flete**
- *Descarregar*

- **Echar un casquete**
- *Tirar uma casquinha*

- **Alzarse**
- *Levantar ou empinar*

- **Cipotear**
- *Golpear*

- **Ligar**
- *Amarrar, unir ou atar*

Também para designar o ato sexual, no Paraguai e Uruguai usa-se o verbo **afilarse**, no Chile **flirtearse** ou **tirarse**, no Peru **cachar** ou **chifar**, na Argentina **coger, culear, chipear, garchar(se), morfarse** e no México **clavar** ou **chingar**.

Para o homossexual masculino, o termo mais utilizado é **maricón/ marica**, embora **gay** seja o termo politicamente correto. Seu derivado, **mariconada**, é usado para referir-se a algo feito com excesso de cuidado, como uma forma de dizer grosseiramente: *é muita frescura* ou *isso é coisa de viado!* Também pode se referir a uma coisa boba ou de pouca importância.

Uma forma muito usada e vulgar para se referir à homossexualidade é **ir de culo** ou **ir de puto culo,** significando **dar o cu.**.

Outras formas para designar a homossexualidade masculina são:

- **Ser de la otra acera**
- *Ser da outra calçada*

- **Ser de la acera de enfrente**
- *Ser da calçada da frente*

- **Ser de la cáscara amarga**
- *Ser da casca amarga*

- **Ser del otro bando**
- *Ser do outro bando*

- **Ser amariposado**
- *Ser "aborboletado"*

- **Ser café con leche**
- *Ser café com leite*

- **Ser un jula/julay/julandrón**
- *Ser inocente ou sem cautela*

Nos diferentes países da América existem termos diferentes para se referir aos homessexuais masculinos. No Peru usa-se o termo **brinchi**, no Equador a expressão **gustarle a uno el arroz con chancho/** *gosta de arroz com porco*, no México **joto**, **puto**, **puñal**, **volteado** ou **mayate** e na Argentina **trolo** ou se diz, grosseiramente, que o homem **se traga las tripas**/*come as tripas*.

Para designar as lésbicas diz-se:

- **Bollera**
- *Boleira*

- **Machorra**
- *Machona*

- **Marimacho**
- *Uma junção de Maria com macho, que sugere mulher-macho.*

- **Tortillera**
- *Sapatão*

Usa-se também a expressão **hacer bollos/***fazer bolos*. Na Argentina se diz **trola** e no México **chancla**, o que se aproxima bastante do termo sapatão do português, uma vez que a tradução de **chancla** é *calçado*.

Estar excitado é **estar armado** ou **ponerse bruto**, no Ecuador **arrecharse** ou **estar arrecho** e no México **prendido**. Já a expressão **estar bien armado** é usada para referir-se ao tamanho do órgão sexual masculino, para o qual também se usa a expressão **tener la picha grande/***ter o pinto grande*. O termo que designa *camisinha* ou *camisa de Vênus* é **condón**. No vocabulário gírio, **goma** ou **globo**.

O homem luxurioso que se excita somente ao pensar ou falar de sexo é chamado de **cachondo** ou **mujeriego**, uma espécie de *safado* ou *assanhado*, no português. **Calentorro** ou **calentorra** designa o homem ou a mulher sexualmente ardente, que se insinua de maneira insistente e vulgar ao sexo oposto e que geralmente não chega a concretizar o ato sexual. Em português costuma-se dizer que a pessoa *só agita*. As mulheres com essa conduta são chamadas também de **calientapollas, calientabraguetas** ou **calientapichas**, na Espanha, e **hinchapelotas**, no México.

A masturbação masculina recebe as denominações:

- **Hacer la alemanita**
- *Fazer a alemãzinha*

- **Tocar o repicar la campana**
- *Tocar o sino*

- **Cinco contra uno**
- *Cinco contra um*

- **Frotársela**
- *Esfregá-lo*

- **Hacer una paja**
- *Fazer uma palha*

- **Hacer una chaqueta (México)**
- *Fazer uma jaqueta*

Ironicamente, a masturbação realizada com os seios, que em português denomina-se *fazer uma espanhola*, em espanhol é referida por **hacerse una cubana**. O homem solitário, que não se relaciona muito com as mulheres, e adepto compulsivo da masturbação chama-se **campanero** e, na Argentina, **pajero**. Pajear é *masturbar* outra pessoa e *estar com tesão* é **calentar** ou **ponerle a alguien**. A palavra *tesão* é **calentura**.

149

Para *ejacular*, em espanhol se emprega **eyacular** e **la leche** é o *sêmen* ou *esperma* do homem, também conhecido vulgarmente em português como *porra*. A propósito, em espanhol, o verbo **estallar**, dentre outros significados, como *estourar*, em português, significa *gozar*, ou seja, atingir o orgasmo na relação sexual, principalmente na expressão **Estoy a punto de estallar**, quer dizer, *Vou gozar*.

A prática do sexo oral recebe também nomes variados:

- **Hacer el francés**
- *Fazer o francês*

- **Hacer la bufanda**
- *Fazer o cachecol*

- **Hacer el biberón**
- *Fazer a mamadeira*

- **Bajarse**
- *Abaixar*

- **Dar una mamada**
- *Dar uma mamada*

- **Chuparse**
- *Chupar*

- **Cunnilinguo ou cunnilingus**
- *Cunilíngua*

Outros termos relacionados ao sexo:

- **Hacerse el griego**
- *Coito anal*

- **Reinona ou reinas de la noche**
- *Drag queen*

- **Chapero**
- *Michê (garoto de programa)*
- **Travestido**
- *Travesti*
- **Pegar gatillazo**
- *Brochar*
- **Consolador**
- *Vibrador*
- **Asaltacunas**
- *Papa anjo ou papa feto (pessoa que se relaciona com outra mais jovem)*
- **Ménage à trois**
- *Prática sexual da qual participam três pessoas. ménage à trois*

Não é somente no campo sexual que as palavras são grosseiras e se tornam insultos capazes de ofender a dignidade de alguém. O ataque ou xingamento pode agredir ou destratar uma pessoa, sobretudo se mantém certa conexão com a realidade da pessoa que é insultada. O termo espanhol **abrazafarolas** é usado com esta intenção para se referir a uma pessoa que não tem opinião própria e se preocupa mais em seguir o que lhe dizem com o intuito de agradar aos demais. É o típico *puxa-saco* em português, que em espanhol recebe também os nomes de **lameculos** e **chupamedias**. Já na Argentina, usa-se a expressão semelhante, **lamer el culo**/*lamber o cu*, com o mesmo sentido:

- **Le lame el culo a su tía para obtener su dinero**
- *Puxa o saco da tia para ficar com o dinheiro dela.*

Chamar uma mulher de **puta/***puta*****, ramera/***meretriz* ou **buscona/** *prostituta* também é uma ofensiva grave e para esses termos existem muitas outras variantes: **agrofa, ambladora, bagasa, buharra, bujarra, cantonera, cocota, cualquiera, del punto, golfa, de la vida, escalentada, jinetera, mujer de mala vida o de mal vivir, maturranga, meretriz, mozcorra, perdida, una tal, zorra.**

Badana é usado para se referir a uma mulher que não consegue viver sem a companhia de um homem ou a um homem que não trabalha, como *vagabundo*. **Callo** ou **callonca** é o termo que designa a mulher que se relaciona sexualmente com muitos homens, uma *vadia*. Ao homem que não consegue impor sua vontade e que, portanto, torna-se submisso a qualquer pessoa, inclusive a sua mulher, chama-se **baldragas** ou **calzonazos**, é o típico *bundão*.

¡Y más!
E mais

Quando uma pessoa é excessivamente tosca e bruta, cuja ignorância em leitura e escrita ocorre em um nível elementar costuma-se chamá-la ofensivamente de **analfabestia**, uma espécie de "analfabesta" ou "analfaburro".

Também pode-se usar somente o termo **animal** ou **asno** e **asnejón**. Para aqueles que demonstram grosseria na forma de falar usa-se **arrabalero**, retomando preconceituosamente o termo **arrabal**, que significa os subúrbios ou bairros afastados do centro da cidade. Para o morador dessas zonas humildes também se usa o termo **barriobajero**.

Já um **animal de bellota** é o termo eufemístico de **cerdo** (*porco*), usado para se referir a uma pessoa que se comporta muito mal.

A ideia é referir-se ao porco indiretamente, uma vez que **bellota** é o fruto do qual os porcos espanhóis se alimentam. Há também as referências diretas a esse animal com as quais são denominados os homens mal vestidos, sujos e grosseiros: **puerco, guarro, cochino** e **marrano.**

Os tipos descarados e cínicos, capazes de mentir sem o menor constrangimento, são chamados de **caradura** ou **carota. Adefesio** refere-se a uma pessoa que se veste mal e também a pessoa que expressa sua opinião sem que a tenham pedido, falando coisas fora de hora e de lugar. Para a pessoa que fala em excesso, prometendo fazer coisas que é incapaz de realizar há o termo **cantamañanas,** uma mistura de **don nadie** (*zé-ninguém*) e de **zascandil** (*mentiroso, enganador*).

Para as pessoas de pouca importância ou influência há também o termo **boquerón** (espécie de peixe marinho menor do que a sardinha), que retoma a ideia de coisa pequena e sem valor, um *inútil*. (Se for muito pobre também é chamado de **dondiego,** ou **dompedro,** e se ostenta riqueza. Se é muito pobre, **dompereciendo**, no português dizemos que ele *não tem onde cair morto*.

Aqueles que exploram as pessoas no âmbito trabalhista e se aproveitam dos trabalhadores são chamados de **chupasangres/sanguessugas** ou **chupópteros.** Na esfera política, os conservadores de direita são chamados de **facha** ou **carca**, termos associados à ideia do que é velho e reacionário.

Uma pessoa que "*vira a casaca*" (**cambia de casaca**), mudando de partido ou de um grupo cujas ideias apoiava anteriormente, chama-se **chaquetero** ou **arribista,** condenando a forma ambiciosa da qual se vale para melhorar de posição. Já aquele que se intromete em assuntos que não lhe dizem respeito pode ser chamado de **metomentodo** ou **cotilla** se, ainda por cima, for fofoqueiro. Se essa intromissão é feita pelo homem no ambiente doméstico, sobretudo na cozinha, onde ele finge entender de gastronomia e acaba atrapalhando quem está trabalhando, tentando ajudar sem ser solicitado, pode ser chamado de **cocinilla.**

A pessoa que se esforça para ser refinada e elegante, mas que manifesta seu mau gosto parecendo ridícula, acaba caindo na **cursilería**, ou seja, torna-se **un cursi** ou **cusilón**, pois na tentativa de ser elegante, acaba sendo artificial e afetada. Se for exageradamente fina, tornando-se afetada na forma de tratar os demais é chamada de **finolis.** As que falam em excesso são **bocazas** ou **cacatúas**, e os que fazem leva e traz são **cuentistas.**

Chisgarabís é o nome dado à pessoa inquieta, enganadora e que causa alvoroço e não merece confiança por não ter reputação. Outra variante para esse termo é **culo de mal asiento,** literalmente, *cu de mau assento.* Aliás, também na Argentina há várias expressões com o termo **culo**, algumas ofensivas, outras não. Vejamos algumas:

- **Culo de botella/***fundo de garrafa*
- *pessoa que usa óculos com lentes muito grossas*

- **Culo y calzón/***cu e calça*
- *pessoas muito unidas, amigos inseparáveis*

- **Dar por el culo/***dar o cu*
- *ter relações sexuais anais*

- **El culo del mundo/***o cu do mundo*
- *lugar que está muito afastado*

- **Tener el culo sucio/***ter o rabo preso*
- *estar comprometido por ter feito algo incorreto*

- **Caerse de culo/***cair de costas*
- *espantar-se com algo pouco corriqueiro*

- **Cantársele el culo/***estar cagando e andando*
- *querer fazer alguma coisa sem se importar com a opinião dos demais*

- **Cara de culo**/ *cara de bosta*
- *expressão de uma pessoa que está muito nervosa*
- **Cerrar el culo**/*calar a boca*
- *ficar calado*
- **Fruncírsele el culo**/*trancar o cu*
- *levar um susto muito grande*
- **Meterse en el culo**/*enfiar no cu*
- *ficar com uma coisa, especialmente quando é inútil*
- **Ojo del culo**/*o olho do cu*
- *ânus*
- **Pelarse/romperse el culo**/*rachar o cu*
- *fazer um grande esforço para realizar uma atividade*
- **Tocarle el culo**/*foder*
- *molestar ou prejudicar alguém*

Pelo ânus são expelidos os gases produzidos por alguns alimentos durante a digestão, os conhecidos *peidos* ou **pedos**, em espanhol. Por alguma razão desconhecida, **pedo** é também o nome dado ao estado de embriaguez, ou **borrachera,** tanto na Espanha, como em alguns países da América de fala espanhola. Assim, diz-se **Ayer María agarró un pedo/una borrachera tremenda/a en la fiesta de Joaquín**/ *Ontem a Maria encheu a cara na festa do Joaquim.*

Vales e Meléndez (2001) também registram a expressão **agarrar una mierda que te cagas**, na qual a expressão **que te cagas** funciona somente como um intensificador como "muito, grande, exagerado". O certo é que a **mierda** nessa expressão que, segundo os autores, é muito utilizada pelos jovens, também é sinônimo de bebedeira. A tradução de **agarraste una mierda que te cagas** seria, simplesmente, *você bebeu demais*. Há também outras variações para expressar a ideia de embriaguez excessiva, o famoso *porre:*

- **Pillar un pedo de muerte**
- *Se matar de beber*

- **Agarrar un pedo que se caga la perra**
- *Beber feito uma vaca*

- **Ponerse hasta el culo de... (bebida alcohólica)**
- *Encher o rabo de...*

Na Argentina, também encontramos várias expressões com o termo **pedo:**

- **Al pedo/***à toa*
- *sem nenhuma ocupação ou utilidade*

- **De pedo/***de bobeira*
- *por acaso ou por sorte*

- **Ponerse en pedo/***encher a cara*
- *ficar bêbado*

- **Estar en pedo/***louco*
- *estar muito confuso*

- **En un pedo/***em um peido*
- *muito rápido*

- **Ni en pedo/***nem fodendo*
- *de jeito nenhum*

Só por curiosidade, *fazer pum* em espanhol é **tirarse un pedo.**

Bibliografia

Academia Argentina de Letras. *Diccionario del habla de los argentinos*. 3ª. ed. Buenos Aires: Espasa, 2005.

BORBA F. S (org.). *Dicionário Unesp do Português Contemporâneo*. São Paulo: Editora Unesp, 2004.

BOSQUE, Ignacio. (Org.) Redes. *Diccionario combinatorio del español contemporáneo*. Madri: Ediciones SM, 2002.

CELDRÁN, Pancracio. *Inventario general de insultos*. Madrid: Ediciones del Prado, 2005.

FERREIRA, A.B.H. *Novo Dicionário Eletrônico Aurélio* versão 5.11a. 3a ed. Rio de Janeiro: Positivo, 2004.

HOUAISS, Antonio; Villar, Mauro de Salles. *Diccionario Houaiss da língua portuguesa*. Rio de Janeiro: Objetiva, 2009.

HOUAISS, Antonio; Villar, Mauro de Salles. *Diccionario Houaiss da língua portuguesa*. Rio de Janeiro: Objetiva, 2001. (edição eletrônica)

LACERDA, Roberto Cortes et al. *Diccionario de provérbios*. Rio de Janeiro: Lacerda Editores: 1999.

MOLINER, María. *Diccionário de uso español*. Versión 3.0. Madri: Editorial Gredos, 2008. (edição eletrônica)

MORAES, W.B.F. *Uso conotativo das cores em português e em inglês*. Dissertação de mestrado. FFLCH, USP, 1995.

PLAGER, Federico (Org.). *Diccionario Integral del español de la Argentina*. Buenos Aires: Editorial Voz Activa, 2008.

Universidad Alcalá de Henares. Señas – *Diccionario para la enseñanza de la lengua española para brasileños*. São Paulo: Martins Fontes, 2000.

Vales, José Calles. ***Refranes, proverbios y sentencias***. Madri: Editorial Libsa, 2001.

Vales, José Calles; Meléndez, Belén Bermejo. ***Jergas, Argot y Modismos***. Madri: Editorial Libsa, 2001.

Sites consultados

Telecinco.ES Disponível em: <http://www.telecinco.es/informativos/toros/noticia/100002303/El+vestido+de+torear+puntadas+de+oro+jesulin>. Acesso em janeiro de 2007.

Scribd Disponível em: <http://www.scribd.com/doc/4249749/tauromaquia> Acesso em março de 2009.

Diccionario de la lengua española Disponível em: <http://www.rae.es>. Acesso em fevereiro de 2008.

Diccionario panhispánico de dudas Disponível em: <http://www.rae.es>. Acesso em outubro de 2009.

Este livro foi composto na fonte Bitstream Cooper BT e impresso em outubro de 2010 pela gráfica Vida e Consciência, sobre papel Offset 90g/m².